JOSÉ LUIS NAVAJO

HERIDAS
DE
AMOR

**HAY QUIEN SEDUCE CON PALABRAS Y
DESTRUYE CON ACCIONES**

WHITAKER
HOUSE
Español

Editado por: Ofelia Pérez

Heridas de amor

Hay quien seduce con palabras y destruye con acciones

© 2023 por José Luis Navajo
ISBN: 979-8-88769-023-0
eBook ISBN: 979-8-88769-024-7
Impreso en los Estados Unidos de América.

Whitaker House
1030 Hunt Valley Circle
New Kensington, PA 15068
www.whitakerhouse.com
Por favor, envíe sugerencias sobre este libro a: comentarios@whitakerhouse.com.

4 5 6 7 8 9 10 11 ᵂᴴ 30 29 28 27 26 25 24

CONTENIDO

Nota del autor 7

Introducción 9

Preludio 11

Petricor 14

Flechazo 16

Tres errores 20

Israel 23

Noemí 26

Enamoramiento 32

El depredador aísla 37

Acoso y control 40

Pablo 45

Richard 47

Estrategia del depredador 51

Primer traslado 55

¿Padres o enemigos? 58

Judith y Daniel 62

Aislándose 66

Droga en el coche 69

Solo pasión 74

Acosada 83

Llamada de medianoche 97

"El rimas" 101

En "Las Bravas" 103

Confrontación 114

Importante encuentro 118

De nuevo a solas 125

Loida 126

Beretta 92 129

Boda 136

Isaac 138

Rota 142

Nuevo acoso 149

Eli 152

Restauración 161

Puentes 166

Cuatro años después…Primavera 170

Damas de ardiente cabellera 177

Ahora sí, amor, ahora sí 179

Último viaje 184

No le temes a un nuevo amor, sino a un viejo dolor 189

Enjaulado 192

Estoy de viaje 197

Alas cortadas 199

Palacios donde antes había ruinas 202

El depredador resurge 206

Luz en la sonrisa 208

Epílogo 210

Epílogo II 214

Breve guía de estudio preventivo/curativo 216

Acerca del autor 224

DEDICATORIA

A ti que te rompieron el corazón y hoy lo lamentas.
Sobre las ruinas que otros dejaron,
Él construirá un palacio.
No te rindas; la respuesta a nuestra oración comienza
en el cielo antes de que nosotros la sintamos en la tierra.

Tómate un momento para apreciar lo increíble que eres.
Si no logras ver lo que vales es probable que te juntes
con quien tampoco sepa verlo.

Una perla tiene un altísimo valor
y no es otra cosa que una herida cicatrizada.

NOTA DEL AUTOR

Este libro contiene pedazos de mi vida; fragmentos que, como jirones, se desprendieron en una dura batalla.

La historia que aquí se narra está inspirada en hechos reales. No todo lo que se relata ocurrió, ni todo lo que ocurrió está aquí contado, pero las dosis de realismo y autenticidad son suficientes para dar tinta y voz a la que, sin duda, ha sido una de las experiencias más estremecedoras que he vivido. Nunca, en mis cincuenta y un años de vida, había enfrentado algo parecido.

Entonces, ¿por qué contarlo?, preguntarás.

No me recreo en evocar recuerdos muy mordientes, pero quiero transformar mi cicatriz en mapa que pueda orientar a otros. Una cicatriz que hoy grita tres cosas: dolió, sanó, será agente de sanidad. La única razón de escribirlo, el único motivo —insisto— que me lleva a poner en negro sobre blanco esta vivencia, es convertir en didáctica la grave herida. He descubierto que nuestras lágrimas pueden convertirse en pañuelos que enjuguen las lágrimas de otros. Esa es la diana a la que apunto con cada letra que conforma la historia que estás a punto de leer.

Es posible que también te preguntes: *¿Por qué contarlo ahora, cuando han pasado varios años?*

Porque hay que darle al dolor su tiempo, guardar las jornadas de duelo para renacer bien. La aflicción no se hace productiva solo con ingerirla; es preciso digerirla. Repasar y reposar; ingerir y digerir. Ningún sufrimiento no asimilado nos hará ni más nobles ni más dignos. No es cuando amarga el paladar el momento de contarlo, pues quien habla desde la amargura, amarga, y quien profiere desde la herida, hiere. Es preciso que haga su digestión, es ahí donde libera los nutrientes que fortalecen el alma.

La digestión del pesar no siempre es uniforme y nunca es predecible. Hay procesos más rápidos que otros. Algunos requieren años, como ha sido este caso; pero ahora que no quema el recordarlo es el momento de convertir la hiel en miel y hacer del aguijón un arado.

INTRODUCCIÓN

Amanece un día perfecto. El cielo, de un azul purísimo, y la tibia brisa que despeina las copas de los árboles anticipan una jornada de luz y de suave temperatura. Cientos de pajarillos, resucitados y enloquecidos, convierten los pinos y las encinas en templos donde se celebra la vida. Al otro lado del cristal la naturaleza es un espectáculo que no busca el aplauso de los asistentes. De manera sutil se desabrocha. Se entreabre, mostrando su alma en el comprimido cáliz de una rosa, en la blanca estrella del jazmín y en el suave violáceo de los lilos.

Abro la ventana y la fresca caricia del aire, junto a un olor mezcla de muchos, asaltan mi cuarto y me despabilan, y eso era algo que me urgía: despejarme, pues no logré dormir en toda la noche. La ducha de esta mañana, más que una cuestión de higiene, es asunto de supervivencia. Por eso me dirijo al baño, abro el grifo y dejo correr el agua sobre mi cabeza durante al menos diez minutos, los últimos con agua fría, y no hago nada por terminar con la gélida tortura hasta que siento que la sangre fluye a todas mis extremidades y me brinda una sensación próxima a la de estar vivo.

Mientras me seco con la toalla extragrande, la que a mí me gusta, la de paño más absorbente, me observo en el espejo y casi me asusto al ver mis ojos hinchados por la falta de sueño. No es buen día para aparecer ojeroso y demacrado.

Hoy no.

¿La causa de mi desvelo? Fue una noche de recuerdos.

Me recuesto en el alféizar de la ventana, y mientras la suave brisa seca mi cabello, la mente me traslada desde este radiante amanecer hasta el corazón de la noche de la que apenas estamos surgiendo.

PRELUDIO

Ella murió a los veinticinco años... pero nos negamos a oficiar su entierro.

Todos tenemos una fecha —al menos una— donde la vida se nos rompió. Decía Scott Fitzgerald que "el momento más solitario en la vida de alguien es cuando está viendo cómo su mundo se desmorona y lo único que puede hacer es mirar fijamente".

Yo no destruí su vida, pero en ocasiones me embarga la idea de que he contribuido a ello. La estremecedora imagen quedó de tal modo impresa en mi memoria que años más tarde sigo conmoviéndome al evocar esa tibia madrugada.

Aquella noche el sonido del teléfono me provocó tal sobresalto que quedé sentado sobre la cama. Hasta el tercer timbrazo no logré detectar el origen de la estridencia ni la ubicación de mi móvil. Miré la hora.

—No puede ser bueno —murmuré y aproximé el teléfono a mi oído—, nunca el teléfono transmite buenas noticias a las cinco de la madrugada.

Ni siquiera me dio tiempo a interrogar.

—Por favor, ¡venid a buscarme! —fue todo lo que dijo.

Separé un instante el móvil de mi oído. No, no serían noticias gratas; la voz que me hablaba, impregnada en llanto, no era un buen augurio, pero no quiso dar más detalles.

—¿Qué te ocurre? —inquirí varias veces—. ¿Estás bien?

—¡Venid a buscarme, por favor! —no contestaba, solo insistía cada vez con más fuerza. Y no eran gritos lo que profería, sonaba más al quejido de un alma hecha cenizas.

Retiré el visillo y me asomé a la ventana. La luna, bien alta, estaba envuelta en un halo brumoso, como una aureola de escarcha. Estimamos prudente que yo fuera a buscarla y mi mujer se quedó en casa, por si desde allí fuera necesario iniciar cualquier gestión. Me vestí rápidamente y con un miedo que por momentos rozaba el pánico; subí a mi automóvil y conduje hacia su domicilio. Temblaba. No saber lo que iba a encontrarme me infundía auténtico terror.

La madrugada deja limpias de tráfico las carreteras, por lo que pude forzar al máximo el motor de mi vehículo.

Al acercarme a la última rotonda donde giraría a la derecha, la vi. Estaba justo en el punto que me había indicado. Al principio solo pude intuir que era ella, pues predominaba aún la noche y ella estaba agachada, en cuclillas, muy pegada a la pared, como intentando reducirse a la mínima expresión para pasar desapercibida; tenía los brazos cruzados, pegados a su pecho y el rostro orientado hacia el suelo. El cabello oscuro, casi negro, cayendo por delante ocultaba sus facciones. Una imagen que inspiraba compasión y pavor a partes iguales.

Al aproximarme, observé que temblaba, como tiemblan las hojas de un árbol bajo el embate del viento; frágil y quebradiza como ellas en otoño. Lloraba. Sobre todo, eso: lloraba a mares. Fue al agacharme a su lado cuando vi que, bajo sus brazos, o entre ellos, sostenía a su bebé. Su pequeñín de tres meses. Aún sin incorporarme, la abracé, y entonces sí, su llanto se convirtió en un gemido convulso. Dejó fluir su dolor, como quien abre una compuerta. Más que temblar, ahora convulsionaba. Mil imágenes pasaron por mi mente: parecía que solo habían pasado horas desde que esa niña se sentaba sobre mis rodillas y me pedía que le contase cuentos, o se negaba a salir a pasear si no la llevaba en mis brazos. Ya no era una niña, ni estaba escuchando un cuento, sino viviendo una horrible pesadilla.

Mi brazo izquierdo la arropó y con la mano derecha sostuve al bebé para evitar que cayera al suelo; también el pequeño se sumó al desgarrador lamento.

Nunca, ni en la peor de mis pesadillas, pude haber soñado que un día vería tan destruida a mi hija, mi pequeña, con mi nietito, un angelito de solo tres meses. Ese fue el día en que mi hija murió... pero nos negamos a oficiar su entierro.

Solo puedo escribir para advertirlo, y para prevenir a quienes están a tiempo. Quiera Dios que sean muchas las personas que decidan leer, reflexionar y cuidarse.

PETRICOR

Lo acontecido me desmoronó y sigue abatiéndome el recuerdo. Es difícil vivir con ciertas memorias, pero imposible abandonarlas porque quedan cosidas al alma con hilo de acero. Cuando parecen ya vencidas, un olor, una imagen o una fotografía las hacen resurgir más vivas que nunca. Muchos que hoy presumen de buena memoria, algún día verán esa capacidad convertida en látigo y anhelarán ser desmemoriados.

Tal vez te preguntes por qué coloco esa vivencia sobre la mesa de autopsias y me dispongo a diseccionarla con el bisturí de la mente. Aliento la esperanza de que, al volcarlo en el papel, en una suerte de catarsis, logre sacarlo de mi cabeza. "Unos lloran con lágrimas", decía Octavio Paz, "otros con pensamientos", remataba. Es muy probable que este sea este mi caso: sustituyo lágrimas por tinta y llanto por frases.

Sé bien que revolver en el ayer puede ser doloroso; el pasado nunca fue un lugar confortable donde vivir, y el futuro supone un domicilio demasiado inestable. Es el presente lo que tiene aroma de hogar. Lo sé bien; pero acondicionar el presente a veces requiere poner en orden el pasado. Hacer el hoy acogedor exige ordenar el desván de los recuerdos.

No dejo de repetirme que lo veíamos venir: detectamos múltiples luces de alarma e intentamos advertirla, pero no logramos que escuchase. El amor provocaba tanto ruido y tal interferencia que nuestra voz no la alcanzaba.

¿Debimos gritarle más fuerte? ¿Pudimos haber sido más determinantes? Pero ¿acaso es posible vencer a ese gigante de cuatro letras que mueve el mundo? ¿Puede el *amor* ser derrotado?

Sea como fuere, lo cierto es que en lo más íntimo intuíamos la proximidad de la tormenta perfecta.

¿Oíste alguna vez la expresión *petricor*? Es la palabra con la que se define ese olor tan característico de las tormentas de verano. A veces se puede detectar antes de que llegue la lluvia, porque la humedad aumenta, impregna el suelo y, aunque todavía no hayan descargado las nubes, la tierra desprende ese aroma que resulta casi terapéutico: "Huele a tierra mojada", decimos. Concluyen los estudiosos de ese fenómeno, que el perfume de la tierra nos gusta e inspira tanto porque evoca algo muy parecido al verdadero olor de la vida; recordemos que el ser humano proviene de tierra humedecida. Pero donde quiero llegar es a que en la situación de mi hija percibimos aquel particular y mucho menos agradable "petricor" antes de que la tempestad llegase.

Pero, tranquilo, no voy a abrumarte con un deprimente relato; más que enfocarme en mis dolores de parto, lo que quiero es mostrarte a la preciosa criatura y que juntos podamos reír con el feliz nacimiento... o renacimiento, más bien.

Garantizo no dejarte en el desierto; entraremos juntos a la tierra prometida.

FLECHAZO

"**S**e enamoró como se enamoran siempre las mujeres inteligentes: como una idiota". Esta descripción, acuñada por Ángeles Mastretta, describe perfectamente la manera en como Ruth se deslizó por el inestable abismo del enamoramiento.

Fue en la noche de un frío domingo de abril, justo en el momento en que el reloj daba las diez. Luego se preguntaría qué hacía un reloj dando campanadas en el interior de *El Mistura*, la cafetería de moda entre los jóvenes del barrio. ¿Acaso, como a la Cenicienta, aquel reloj le anunciaba que debía salir de allí cuanto antes? Pero en ese momento no reparó en el extraño detalle.

Hasta un sordo habría escuchado a Rosalía cantando *De Plata*. Sonaba a tal volumen que hacía imposible mantener una conversación.

Que con tus trenzas

Que trenzas de tu pelo negro

Me ,marren mis manos...

Eso gemía la cantante nacida en el Bajo Llobregat, cuando Noe acercó sus labios al oído de Ruth y gritó:

—¡Ha vuelto a mirarte!

—¡Anda ya! —replicó Ruth—. ¡Déjate de tonterías!

—Tía, ¡que sí!

—¿Por qué va a mirarme a mí?

—¿Y yo qué sé? ¡Pero no te quita el ojo de encima!

—Venga, lo que tú digas, me mira a mí —resopló condescendiente.

—Pero tía, ¡devuélvele la mirada!

—Pasa de mí, Noe, ¡por favor! ¡No quiero!

—¡Pero si es un bombón! —Noemí sacudió la mano en el aire—. ¡Ojalá fuese a mí a quien mira! ¡Está buenísimo!

—Para ti todos están buenos o buenísimos.

—Todos no, ¡pero ese sí! —agarró con sus dos manos el rostro de Ruth, intentando inútilmente que girase la cabeza—. ¡Es el de la camiseta amarilla! ¡Tiene un cuerpo cañón!

—¡Ufff! —puso los ojos en blanco—. Noemí, cuando quieres puedes resultar bastante intensa.

—Solo quiero saber cómo acabaría la historia de mi mejor amiga que conoce a un chico que está más bueno que un queso.

—Voy al baño —Ruth no lo necesitaba, pero puso la excusa para cortar el tema.

—Vale —rio su amiga—, ve tranquila, ¡que yo te lo vigilo!

—¡Mira que eres pesada! —bufó, y se alejó haciendo sonar sus tacones.

Estuvo en el baño apenas dos minutos; lo justo para retocarse el carmín de los labios y acomodarse el cabello. Al salir, amparada por la marea humana, buscó con la mirada al de la camiseta amarilla. ¡*Guau!* —pensó—, *por una vez Noe no ha exagerado.* Se fijó en aquel rostro galán, liso, despreocupado y seguro. No era muy alto, pero sí esbelto y de cuerpo bien cuidado. Se aproximó un poco más para intentar ver sus ojos. Era la parte de la fisionomía en la que primero se fijaba; si no le atraían los ojos, dejaba de inspeccionar al sujeto. "¡Dios mío!", exclamó. Aquellos ojos azules le parecieron dos pedazos de cielo donde el sol relumbraba. Desvió la mirada al notar que él la miró a su vez, pero ya era tarde, el fuego de aquellas pupilas ya la había quemado. Se apresuró a llegar junto a Noe, y por el rabillo del ojo percibió que el chico se acercaba.

—¡Dios…! —gimió, al tiempo que miraba a su amiga.

—¡Suerte, tía! Te dejo con él —Noe alzó el pulgar de su mano derecha mientras se alejaba.

—¡No te vayas! —casi le gritó—. ¡Noemí! —pero su amiga ya se alejaba.

El chico había llegado. Se detuvo frente a ella y preguntó:

—¿Cómo te llamas?

—Ruth —respondió y quiso añadir algo más, pero no supo qué, así que se calló e intentó forzar una primera sonrisa, no demasiado aparatosa.

—Yo me llamo Israel —dijo en tono jovial.

—¿Israel, como el país? —se sintió algo tonta al preguntarlo.

—Sí —respondió él—, pequeño pero resultón. Ya sabes, la buena esencia viene en frasco pequeño.

La había hecho reír.

—¿A que adivino lo que estás pensando? —aventuró el chico—. Estás pensando que también el veneno viene en recipientes chiquititos. ¿Me equivoco?

Ruth volvió a reírse. No solo era guapo, también simpático.

—Me alegro de verte —le dijo él con mucha desenvoltura. Pero ella no lo oyó porque estaba pendiente de sus ojos. No había visto nunca unos iguales: rasgados, de un azul purísimo, casi blanco, que a ratos se oscurecía, según les diese la luz de uno u otro lado; con pestañas del color del trigo. *Son dos pedazos de cielo rodeados del color del sol*, pensó, *qué ojos tan preciosos*. Parecía que, en lugar de tenerlos para ver, lo eran para iluminarle la cara, que era alargada y de piel muy blanca. Los labios casi infantiles, finos y sonrosados. La dentadura era mejorable, demasiado agudos los colmillos y excesiva separación interdental, pero el conjunto de la estampa la cautivó. En mitad de la barbilla tenía un hoyuelo muy hondo. *Le debe resultar difícil afeitarse*, pensó, *tal vez por eso lleva barba de tres días, pero luce bien arreglada*. La frente, amplia y marcada, acentuaba la impresión de inocencia que las manos le habían producido. Solo el cabello, casi rapado en las sienes y abundante por arriba, levantado con la ayuda de fijador, pero no en cresta, atenuaba su aspecto de ángel acostumbrado a tocar el arpa sobre una nube.

Hay personas que parece que están hechas de todo lo que nos gusta.

Flechazo.

Había oído acerca de eso y se había reído cuando algunas amigas le dijeron que Cupido las había flechado por un chico. Ahora acababa de experimentarlo.

TRES ERRORES

Cometió tres errores, el peor de ellos fue, desde luego, enamorarse de la persona equivocada. Pero ¿acaso uno elige de quién se enamora? En tan solo medio segundo nuestro cerebro nos vincula a otro ser. Como ya dije, lo llaman flechazo, en una alusión al mitológico cupido y a su aljaba llena de flechas con la punta de oro. Quien recibe esa saeta, percibirá cómo a su torrente sanguíneo se vuelca un cóctel químico que lo desbarata por completo: adrenalina, dopamina, serotonina, oxitocina, vasopresina, y qué sé yo cuántas cosas más. Un batiburrillo que deja el cerebro aturdido y el corazón desbocado. Francoise Sagan confesó: "He amado hasta llegar a la locura; para mí es la única forma sensata de amar".

Estamos hablando de una afección llamada enamoramiento para la que no existe vacuna.

Doy fe de que aquel contacto provocó reacciones en mi hija, al punto de transformarla.

Su segundo error fue no vigilar la intensidad de la emoción. Seducida ciegamente, y locamente también, resbalar por el despeñadero de la pasión era inevitable. Pero ¿es posible enamorarse de otra manera? "Hablar de locura de amor es un pleonasmo", sentenció Heinrich Heine y agregó: "El amor en sí ya es locura". Qué es el amor sino ese fulminante y silencioso hecho de que dos personas, de improviso, se miren hasta lo más hondo y comprendan que les va a ser imposible, de ahí en adelante, ¿vivir la una sin la otra?

Aquel cóctel químico descompensó su organismo. No cualquiera puede hacernos sentir esa mágica sensación, pero cuando el enamoramiento ocurre, entonces, y solo entonces, la cascada de neuroquímicos estalla, cambiando nuestra percepción del mundo.

"El encuentro de dos personas es como el contacto de dos sustancias químicas: si hay alguna reacción, ambas se transforman". No fue cualquiera quien afirmó esto, sino el suizo Carl Gustav Jung, conocido universalmente por sus contribuciones fundamentales a nuestra comprensión de la psique humana.

En Ruth, el proceso psicológico fue desatado por una mirada, y cuando llegó la voz de él, se desencadenó la metamorfosis fisiológica: las elevadas dosis de serotonina mantuvieron su mente ocupada con la persona amada; la placentera sensación le hizo bajar la guardia hasta quedar plenamente vulnerable, mientras la dopamina invadía esa área donde radica el sistema de recompensa del cerebro; el resultado fue que estrechó al máximo los lazos con su enamorado y limitó al mínimo el interés por otras personas.

Además, y esto es lo realmente peligroso, redujo el sentido crítico; en ese momento ella desconocía que cuando nos enamoramos perdemos la capacidad de criticar a nuestra pareja. Somos incapaces de ver sus defectos. Las regiones del cerebro que activan los sentimientos de amor, desactivan el juicio social. Por eso se dice que el amor es ciego. Con razón la mitología representa a Cupido con una venda sobre los ojos. Esto sucede tanto en el amor romántico como en el maternal. En ambos casos se "desactiva" la zona del cerebro encargada del juicio social y de la evaluación de la persona objeto de nuestra amorosa atención.

Sin intención de hacer leña del árbol caído, solo destacaré un tercer error que resultó fatal: aislarse con su enamorado. Cortó las líneas de comunicación con amigos y familia. Optó por la soledad, y olvidó que quien se queda a solas, con frecuencia está en mala compañía.

En Ruth pude comprobar que el amor es un seísmo que luego provoca un tsunami. El terremoto te desbarata, descoloca, estremece y agita, pero es cuando llega el tsunami que se te inunda el corazón, sin dar cabida a nada más... y a nadie más también. Eso hizo ella: levantó un alto muro y dejó fuera todo y a todos, excepto a él.

Todo lo anterior es un análisis, producto de mi interés en comprender lo ocurrido. Sigo presa del desconcierto, aunque escribirlo me alivia. Es en soledad y ante el papel donde hago mi decente estriptis: me desabrocho el alma, confieso mi llanto, mi desconsuelo y debilidad. A veces es una pura necesidad, como lo es para el perro ladrar o para cualquiera respirar.

Lo que más perplejidad me produce es haber visto a mi hija, de común tan prudente, precavida y sensata, embebida ahora en un mundo de fantasía. Ella, que siempre fue determinante, pragmática, analítica y capaz de tomar decisiones con la cabeza fría, de pronto estaba fuera de sí. En ese tiempo la miré, a menudo con fijeza sin que ella lo notara; seguía siendo la misma en apariencia, pero no la encontraba en esencia. Parecía otra persona. Dijo Winston Churchill que "el carácter se manifiesta en los grandes momentos, pero se construye en los pequeños". Ella forjó un carácter, de eso no tengo dudas; pero ante la mirada de aquel chico su entereza se derrumbó.

Retornemos a *El Mistura* en aquella tarde de domingo.

ISRAEL

—**M**e alegra verte —le había dicho el chico.

Pero Ruth no lo escuchó. Estaba sumergida bajo la superficie de aquellos ojos azules, donde no llegaba ni la canción de Rosalía ni la voz del muchacho.

Ella también era guapa, y lo sabía. No una belleza radiante, espectacular y provocadora, pero sin duda era guapa. De rasgos delicados y aspecto candoroso. No se trataba de una belleza juvenil al uso. Era algo más. Tal vez fuesen sus ojos negros como perlas, o su cabello, igualmente negro, brillante y algo encrespado. Cortado con gusto exquisito justo por encima de sus hombros. Tal vez era su boca, firme, de labios finos y comisuras arqueadas hacia arriba, o su breve nariz de punta delicadamente redondeada.

Era el conjunto.

Nunca le faltaron pretendientes y el último le regaló una descripción que la hizo alucinar: "Tienes un rostro bellamente dibujado por la mano de un artista sensible y perfecto. Me encanta tu cabello largo, negro, el óvalo de tus mejillas, tus labios deliciosamente rosados, los ojos tan oscuros como pozos. Eres agradable y tierna. Cuando frunces el ceño pareces feroz. Cuando sonríes eres un ángel". Así le dijo y a ella le gustó; aunque finalmente no llegaron a nada.

En ese recuerdo estaba cuando se dio cuenta de que el tal Israel, frente a ella, también estaba estudiándola. Trató de parecer normal pero no supo si lo consiguió. Seguían ambos pendientes de sus ojos, de sus respectivas miradas. Los dos dejaron que la presencia del otro los llenase. Ruth estaba recostada sobre una columna de espejos; él se mantenía erguido. Era un poco más alto que ella, aunque apenas unos centímetros; de complexión bastante atlética; el jersey dejaba adivinar unos brazos fornidos y la extensión de sus hombros. El cabello, muy rubio, daba la impresión de ser a la vez muy suave. Pero lo que más fascinaba eran, sin duda, sus ojos.

¿No piensa decirme nada más?, pensó Ruth, *porque lo que es a mí, no me salen las palabras.*

—Me alegra mucho verte —repitió por fin el chico mientras se inclinaba para besarla en las mejillas y posaba la mano un poco más arriba de su cadera.

Un ligero escalofrío la estremeció al sentir el roce de sus labios en el rostro y el calor de sus dedos en la cintura. Fue solo un segundo, enseguida los retiró, pero parecieron dejar brasas sobre su talle.

Vio que la mano de Israel, de dedos largos y finos, señalaba hacia la barra donde servían las bebidas; escuchó su voz, pero no lo que le decía, estaba absorta en aquella mano.

Israel se dio cuenta de que Ruth no había escuchado nada, estaba como pasmada.

—Digo que en *El Mistura* —aproximó la boca a su oído y lo repitió con entusiasmo— hacen los mejores batidos de frutas naturales de toda la ciudad.

—Ah —comentó ella con toda la inteligencia de que fue capaz, ya que no se enteró de nada de lo que le había dicho.

—¿Te gustan los batidos de frutas?

—Mucho —respondió, convencida de que esa noche no era capaz de hilar dos palabras seguidas.

Apenas con dos dedos (pura delicadeza), la tomó por el codo e intentó llevarla hacia la barra.

—Pues ven conmigo, te invito a uno. Quiero que me digas si soy exagerado al decirte que aquí hacen los mejores.

Fue justo en ese instante cuando el carillón de *El Mistura*, hizo sonar diez campanadas.

—Es tarde para mí —había mirado su reloj de pulsera para constatar que, efectivamente, eran las diez—, lo siento, debo marcharme.

Notó decepción en el rostro de Israel, aunque el chico se esforzó por sonreírla. Hablaron unos segundos más y rápido se despidió.

Mientras se alejaba, notó que se le hacía difícil caminar. Supo que él seguía mirándola, y que en sus ojos permanecería aquella luz azul, radiante, tan distinta a todas las miradas. Logró continuar andando sin girar la cabeza, le costó, pero lo hizo. Caminaba con una torpeza insólita, se tuvo que apoyar en la pared, como si hubiese bebido, ¡pero solo había tomado un San Francisco, sin una gota de alcohol! ¿Por qué se sentía como ebria?

El frío del exterior la hizo reaccionar y apaciguó un poco el ardor que sentía en las mejillas. Se subió el cuello del abrigo y buscó a su amiga con la mirada.

—Se ha ido —protestó, hablando con nadie— me toca regresar sola.

Encogiéndose dentro de la ropa, aceleró el paso para llegar cuanto antes a casa. De haber girado la cabeza se habría percatado de que el chico, decidido a saber dónde vivía, la seguía a prudente distancia. A Ruth le habría estremecido el extraño brillo que chispeaba en los ojos de Israel, y no le habría gustado la sonrisa que torcía su gesto, dejando ver su bastante mejorable dentadura. Nunca le inspiraron confianza las personas a las que la sonrisa afeaba. Ojalá lo hubiera visto; tal vez eso le habría apercibido, pero el frío y la prisa por llegar a casa le impidieron mirar atrás.

Esa noche apenas logró dormir. Se encontraba asustada sin motivo alguno y a la vez ilusionada con menos motivo todavía.

NOEMÍ

Al día siguiente, lunes, Noe la abordó antes de comenzar las clases:

—¿Qué tal anoche? —había mucho retintín en su voz. La miró con simulada severidad para exigirle— ¡Quiero que me lo cuentes todo!

—¡Cállate, traidora! ¡Me dejaste sola! —fingió estar enfadada, pero el brillo de sus ojos la desmentía.

—¿Que te dejé sola? —rio su amiga—. Oye, guapi, a mí me parece que te quedaste bastante bien acompañada.

Noemí era su amiga del alma. También Paula; ellas dos y Ruth formaban un grupo indivisible desde hacia años. No solo compartían facultad, aula y estudiaban el mismo grado, sino que además iban a la misma capilla evangélica y juntas participaban de todas las actividades juveniles que allí se desarrollaban.

Noemí era seis meses mayor que Ruth. Un poco más alta y bastante más delgada. Lo más llamativo en ella eran sus enormes ojos, muy expresivos y oscuros, y su cabello negro, largo y lacio. De rostro alargado y rasgos muy marcados, se sabía menos atractiva que Ruth, a la que siempre llamaba "guapi", pero lo compensaba con un temperamento muy jovial y un sentido del humor a prueba de bombas. En definitiva, era una andaluza morena, extrovertida, dueña de un gran sentido del humor y de donaire.

—¡Me dejaste! —insistió Ruth, poniendo cara de Bambi ultra-triste—. Tuve que regresar sola a casa.

—Eso fue porque quisiste —rio Noe—. Te aseguro que yo no habría regresado sola si me hubiese quedado con ese Adonis. Además, no te abandoné a tu suerte. Antes de irme estuve informándome para estar segura de que quedabas en buenas manos, y supe que ese chico no solo es un macizorro, sino que va a una iglesia de Madrid ¡en la que su padre es el pastor! ¿Se puede pedir más?

Llegó la profesora...

—Hasta luego "guapi" —se despidió Noe, y cada una se dirigió a su asiento.

Ocupaban pupitres muy distanciados por exigencias de los tutores, pues si se sentaban juntas no había manera de que prestasen atención.

Ruth intentó concentrarse en la clase, pero se le hizo imposible; sentía la cabeza llena de grumos de algodón y el estómago algo revuelto. No dejaba de pensar en el mensaje que había recibido esa mañana: Todo ocurrió cuando salió de la ducha y se envolvía en una toalla, el sonido del móvil le hizo dar un respingo; un WhatsApp había entrado. El número era desconocido, pero el texto reveló que el remitente era Israel. En la despedida, él le había pedido su número de teléfono, y aunque dudó unos segundos, finalmente se lo anotó en una servilleta de papel de la cafetería.

"Llevo horas sin verte, pero me parecen siglos, y los minutos que ayer pasamos juntos me parecieron microsegundos". Así decía el mensaje.

¿Por qué tenía tanto calor si hacía un instante tiritaba bajo el chorro de la ducha? Se miró en el espejo; esas gotas que perlaban su frente, ¿era sudor o agua del reciente baño? Y aquello tan raro que sentía por dentro, ¿qué era? Por momentos parecía que un millón de hormigas paseaban por su estómago y a ratos como si mil mariposas aleteasen dentro de ella. Mientras registraba a Israel en su agenda de contactos, sintió una gran alegría por no haber seguido el impulso inicial de negarle el número.

Tal vez fuera la emoción, pero del calor pasó a un frío que la hizo tiritar. Sin pensárselo dos veces, volvió a meterse en la ducha y graduó la temperatura casi al máximo. El chorro de agua caliente, casi hirviendo, la llevó de la tiritona hasta el dolor de la quemazón en la piel por el brusco cambio. Pero lo resistió. Se mordió el labio inferior y no se apartó ni bajó la intensidad calorífica. Cuando se habituó, cerró los ojos y permaneció así, quieta, por espacio de un minuto o más. Mientras el agua corría sobre su piel pensaba en él.

Tras varios toques de aviso, que ella no escuchó, la puerta del cuarto de baño se abrió bruscamente y una corriente de aire frío pugnó por echar el ambiente cálido del interior. Miró a través de la translúcida hoja de cristal.

—¡Papá, que me estoy duchando!

—¡Vas a llegar tarde a la facultad, Ruth! ¡Date prisa o no llegarás!

Abrió los ojos y, aunque ya se había duchado antes, tomó la pastilla de jabón, se lavó todo el cuerpo y se dio tan solo diez segundos más para aprovechar la calma y la bendición del agua casi abrasándole la piel.

Ahora, sentada frente a su pupitre en la facultad, a la que, efectivamente, había llegado tarde, miraba el libro abierto, como si leyera, pero no lo hacía. Recordó sus ojos y giró la cabeza hacia el gran ventanal del aula, para admirar el día despejado. *Son del color de ese cielo,* pensó, *aunque también me recuerdan al color del agua de la piscina. Anoche me sonrió y me admiró, estoy segura. La adulación surge por la boca, pero la admiración por los ojos.* Se ponía poética solo con pensarlo. Hasta que no respondiera a Israel no lograría concentrarse en nada más, así que sacó su teléfono y escribió rápidamente: "Yo también lo pasé genial". Lo leyó varias veces, y notó que faltaba algo. Añadió la palabra "contigo".

—Ahora sí, suena más íntimo —murmuró, y lo leyó todo seguido—: "Lo pasé genial contigo" — y satisfecha, lo envió.

Incapaz de centrar su pensamiento en otra cosa que no fuera el rubio y sus ojos azules, siguió cavilando e ilusionándose: *Me ofreció un batido de frutas naturales y él iba a tomarse otro; ¿será que no bebe alcohol?* Y para hacerlo todo perfecto, se repetía el descubrimiento que había hecho Noe: *Va a una iglesia y su padre es el pastor.* Que fuera creyente no solo le agradaba a ella, sino que sus padres saltarían de alegría. *¡Claro, por eso se llama Israel!*, pensó de pronto y se multiplicó su ilusión: *¡Es un nombre bíblico!*

Pura euforia, eso era lo que sentía. *Amar no es mirarse el uno al otro,* pensaba, *sino mirar ambos en la misma dirección, y aunque no hay ningún problema en ser diferentes en muchas cosas, era importante coincidir en lo esencial.*

De pronto cayó en la cuenta de que solo había visto unos minutos a Israel y ya estaba haciendo planes de presentárselo a sus padres. Definitivamente era una exagerada en eso del romanticismo. Una melancólica recalcitrante. "Te enamoras en diez segundos", le había dicho su amiga Paula varias veces. Y tenía razón, era demasiado enamoradiza.

—¡Ruth! —la atiplada voz de la profesora la trajo de vuelta al aula de la facultad—. ¿Puedes decirnos a todos lo que acabo de explicar? O tal vez prefieras contarnos en qué estabas pensando que te hizo sonreír de esa manera.

—Perdón, profe... —se puso colorada como un tomate—. Estaba despistada, lo siento.

—No estoy segura de que seas consciente de la importancia de la asignatura que ahora impartimos. Tal vez ni siquiera sepas el nombre de la asignatura.

—"Fundamentos psicológicos de atención a la diversidad" — dijo, al tiempo que sentía que la sangre se agolpaba en sus mejillas—. Así se llama la asignatura.

—¡Vaya, sabes el nombre de la materia! —aplaudió, sarcástica, la profesora—. ¿Y serás capaz de prestar atención a partir de ahora?

—Sí, profe —dijo en tono muy quedo—. Le pido disculpas.

Enterró la mirada en el libro mientras sentía arder sus mejillas; adivinaba treinta pares de ojos enfocándola, y sobre todo la sonrisa pícara de Noemí, pero ni siquiera eso atenuó el hormigueo de ilusión en su estómago.

—¡Te han pillado! —rio Noe mientras salía junto a Ruth al terminar las clases—, y nada menos que "La Angustias" —así llamaban a la profesora, no porque ese fuera su nombre, sino porque, a causa de su severidad, provocaba angustia en los alumnos.

—Qué vergüenza he pasado —hicieron el camino de siempre, bajando juntas la calle, hasta que en el primer cruce una tomaba a la derecha y la otra a la izquierda.

—Tía, es que estabas alelada, hasta lo noté yo viéndote por atrás —sonrió con picardía al decirle—. Imagino la razón de que estuvieras en las nubes.

—Hice el ridículo delante de todos, ¿verdad? Seguro que tenía cara de idiota.

—Para nada, estabas y estás guapísima. Sea lo que sea que haya pasado ayer, te ha sentado de maravilla.

Siguieron caminando, ambas en silencio, pero dos pasos más adelante, Noe se detuvo y miró a su amiga con gesto desafiante.

—¿Qué te pasa? —inquirió Ruth.

—Empiezas ya a contarme ¡o te mato!

—Pero si no hay nada que contar. De verdad que no pasó nada. Nos saludamos y hablamos diez minutos. Fin de la historia.

—¿Y por qué? ¿No te gustó?

—Claro que me gustó, y mucho, pero ya sabes que mis padres no me dejan llegar tarde a casa cuando al día siguiente tengo uni.

—¿Es que no se acuerdan de que ya cumpliste los veinte?

Habían llegado al cruce de calles donde debían separarse, pero Noe la sostuvo por el brazo y le impedía alejarse.

—¿Habéis vuelto a quedar? ¿Cuándo y dónde vais a veros?

Ruth se llevó la mano a la cabeza y puso los ojos en blanco.

—Noe, ¿por qué estudias magisterio si lo tuyo es ser periodista de investigación?

—Empiezas ya o te...

—No me mates; te cuento: me ha pedido quedar, pero no quiero parecerle fácil, le haré esperar un poco.

—¡Vas a hacerle esperar? ¡Bufff! ¿Cuánto tiempo?

—¡Hasta esta tarde! —y rio ante el gesto de desconcierto de su amiga—. Hemos quedado en vernos esta tarde en *El Mistura*.

—¿*El Mistura*? ¿Donde lo conociste ayer?

—Sí, donde ayer me obligaste a conocerlo —guiñó un ojo a su amiga y le dio un leve puñetazo en el brazo—. Así que, lo que ocurra a partir de ahora será culpa tuya.

—¿A qué hora habéis quedado? Supongo que habrá sido temprano. ¿Te acuerdas de que tus papás —puso voz de niña pequeña— no dejan que su bebé llegue tarde a casita?

—A las seis —rio Ruth ante el nuevo ametrallamiento de preguntas—. Me ha dicho que *El Mistura* tiene un mirador desde el que se ve el mejor atardecer de Madrid —silbó, mientras se miraba las uñas con gesto de malicia.

—¡Jo, tía, qué romántico! —Noe la miró con sus enormes ojos oscuros y se mordió el labio inferior.

ENAMORAMIENTO

Ruth llegó temprano a *El Mistura* y subió al lugar indicado. Le encantó el balaustre de piedra torneada. Se recostó en el pasamanos y se fijó en el sol que comenzaba a acercarse al horizonte. Definitivamente, Israel no había exagerado al resaltar la belleza del atardecer.

Él, desde abajo, la vio apoyada en la balaustrada y subió. Al entrar apreció la esbelta silueta de la chica contra la luz del atardecer: hombros delicados y descubiertos, cintura corta y piernas estilizadas. Pronunció su nombre, pero acaso en voz demasiado baja; o tal vez ella, inclinada a los ruidos de fuera, no lo oyó. Se acercó más y repitió su nombre, ahora sí, muy quedo. Llegó hasta ella y la tocó levemente en el hombro. Ruth, que buscaba a Israel abajo, se dio la vuelta y lo encontró al alcance de su mano.

— ¡Israel! —murmuró, y sintió como si una mano le atenazase la garganta. Le sonrió mientras sentía el galope de su corazón—. No te he visto llegar.

Apoyó su mano en la barandilla. Él dio un paso más y apoyó también la suya. Sus dedos se rozaron. Ruth, en un instinto reflejo, retiró su brazo tan deprisa que sobresaltó a Israel, quien sonrió de ternura y un poco de desconcierto.

—Me he permitido traerte este batido de frutas —señaló a la mesa cercana, donde reposaban dos copas decoradas primorosamente—. Es mi favorito, espero que te guste.

Se sentaron y miraron el atardecer; tomaron los primeros sorbos mientras dejaban que la naturaleza hablase.

—Está delicioso —reconoció Ruth tras paladearlo—. Es una mezcla de fresa, naranja y plátano, ¿verdad?

—¡Acertaste! —aplaudió Israel—. Tienes buen paladar. Te dije que eran los mejores de toda la ciudad, además, soy amigo del barman, y para mí los hace especiales —sonó presuntuoso, pero la puesta de sol que se veía desde aquella terraza quitó importancia al detalle.

Tras esa primera, las citas se fueron encadenando; después del primer batido llegaron otros y ella cada vez estaba más a gusto al lado del chico. Al gustar, siguió el querer, y al querer, el necesitar. Ruth notaba que los síntomas de estar enamorada eran cada vez más evidentes. Su ritmo cardiaco siempre estaba elevado y el sentimiento de euforia era constante. Hasta sus padres notaron lo feliz que parecía.

—Sonríes mucho últimamente —le dijo su madre un día—. ¿Tienes algo que contarnos?

Ruth hizo como que no había escuchado y con una excusa subió a su cuarto. Se dejó caer sobre la cama, cerró los ojos y revivió la escena: el primer beso... la volvió del revés.

Ese beso que jamás se olvida.

No lo esperaba, pero no lo rechazó. Tal vez llegó demasiado pronto. Era su tercera salida juntos. Sí, demasiado pronto, y también demasiado brusco, pero le gustó la forma en que al principio sintió que se derretía en sus brazos.

Y luego, ¿qué había sucedido?

Fue al final del beso. Ella iba a retirarse cuando apareció de repente la fuerza musculosa de Israel. Tal vez sin pretenderlo, inesperadamente. La sujetó con fuerza, dominándola, poseyéndola. Incrustó de nuevo los labios en los suyos. El abrazo era el de un pulpo. Una mano presionando la cintura y la otra tras la nuca. Ruth no podía moverse, no había escapatoria; notó que le faltaba la respiración y se asustó un poco, pero optó por tomar aire por la nariz y abandonarse. Cerró los ojos y dejó que la besara... Estaba segura de que no intentaría llegar a nada más.

La alarma se encendió al percibir que la mano de Israel abandonaba su cintura y empezaba a jugar con su falda. Ruth abrió los ojos e intentó retirar su cabeza, pero Israel mantenía la mano izquierda en su nuca y no aflojaba, aunque ella empujó hasta sentir dolor en el cuello. Logró introducir su brazo en el mínimo resquicio que quedaba entre ambos cuerpos y apoyándolo en el pecho de Israel, lo apartó con toda su energía.

—¿Qué te pasa? —el chico casi lo gritó y Ruth se alarmó al percibir que la luz de aquellos ojos pareció convertirse en fuego, y el gesto inocente se tornó en una mueca endurecida.

—¡Me estás haciendo daño!

—¿Es que no te gusto?

—Me gustas, claro que sí, pero me has hecho daño —replicó ella, mientras se alejaba un poco.

Israel guardó silencio, y haciéndose el ofendido se recostó contra un árbol. Ruth aguardó un par de minutos, pero convencida de que el chico no rompería el silencio lo hizo ella:

—¿Por qué estás callado? ¿Es que te has enfadado? ¿No crees que amar también es respetar?

Le pareció que el gesto del chico se suavizó un poco. La atrajo hacia sí y la abrazó.

—Vale, comprendo que no te sientas todavía preparada —murmuró con los labios pegados a su oído—, pero no te hagas la difícil;

¿no serás una mojigata? Ya sabes, las chicas buenas van al cielo, pero las malas a todas partes —rio, y pretendió hacerla reír, pero a ella aquello no le hizo ninguna gracia. Con la cabeza apoyada en el pecho de Israel, cerró sus ojos, pero no de placer, sino de preocupación. Algo le decía que ese chico ya había cruzado muchas líneas rojas y ahora tiraba de ella para que también las cruzase.

Esa noche llegó a casa enfadada. Se tendió en la cama y pensó, y le dolió al pensar y sintió ahogo y vértigo al recordar la violenta presión con que Israel la había tratado. El beso le había gustado, pero no aquella manera de inmovilizarla. Aunque los dos tenían la misma edad, era evidente que él llevaba mucha distancia recorrida y ella apenas había puesto uno de sus pies en el autobús de la vida.

A la mañana, siguiente despertó como siempre que dormía mal: con un estado de ánimo insoportable. Más valía que se diera una ducha rápidamente, a ver si se reanimaba. Se sentó sobre la cama y abrazó sus rodillas. Al echar una mirada a sus pies desnudos, el descascarillado esmalte de uñas la horrorizó. Se llevó las manos a la cara, pero antes de cubrirse los ojos le dio tiempo a ver que también necesitaba desesperadamente una manicura. Bufando de enfado contra sí misma, fue al baño y, apoyada en el lavabo, se miró en el espejo. *¡Dios mío, qué horror!*, pensó al ver sus ojos hinchados por la falta de sueño; pues anda que su peinado a lo Amy Winehouse; su pelo negro, muy oscuro, se veía fosco y sin vida, si se miraba con atención casi se podía atisbar algún reflejo verdoso. En su barbilla eran evidentes las marcas de la carnicería que se hizo la noche anterior, luchando contra un grano que nadie más que ella habría visto. Siempre que algo le preocupaba lo pagaba con ella misma, buscándose algún grano, y si no lo encontraba se lo inventaba.

El sonido del móvil la sobresaltó y la hizo regresar del país de la autoconmiseración: "¡Me vuelves loco de amor!". Aquel mensaje de Israel puso a galopar su corazón y hasta le pareció que su cabello cobraba brillo y vida.

"Tú a mí también", escribió con un sonrisa que hizo desaparecer hasta las ojeras.

Las cinco palabras que había tecleado Israel fueron suficientes para que ella olvidara la brutalidad que el chico manifestó la noche anterior: *El amor* —se dijo para suavizar el pinchazo en su conciencia— *nos influye en todo, pero nosotros no podemos influir en él. Es la pasión* —reflexionó—, *los chicos son mucho más explosivos y menos racionales que nosotras. Hay que comprenderlos y disculparlos.*

Estaba cumpliéndose la máxima de que el amor es ciego, y un poco sordo, porque Ruth no escuchaba el grito de alarma que su instinto le estaba enviando.

EL DEPREDADOR AÍSLA

—**C**ariño —le dijo ella unos días después, en su conversación telefónica de la noche—, mañana voy con mis amigas al cine, vamos a ver la última de Tom Cruise. Me gustaría que vinieras, tengo tanta ilusión de que las conozcas.

—¿Al cine con tus amigas? —su voz sonó inapetente.

—Bueno —bromeó ella—, si no quieres venir no hay problema; siempre podré buscarme otro acompañante.

—No me gustan esas bromas —y el tono de voz de Israel dejaba claro que no le gustaban.

—¿Estás celoso?

—¿Tengo razones para estarlo? —definitivamente no le seguía el juego a Ruth.

—Venga, no seas tonto —le dijo—. Ven con nosotras, lo pasarás bien.

A ella nunca le costó hacerse amigas y por eso tenía muchas; siempre entendió que la amistad era para restar las penas, dividiéndolas, y multiplicar las alegrías, comunicándolas; por eso no podía esperar para presentarles a su príncipe azul y compartir su alegría.

El silencio de Israel al otro lado del teléfono la dejó descolocada.

—¿Estás ahí? —preguntó con extrañeza.

—Sí —fue todo lo que el chico respondió.

—¿Por qué no dices nada?

—Pensé que te acordarías de que mañana hace siete meses que salimos, y había calculado que iríamos a tomar algo en la terraza de nuestra primera cita.

—¡Ufff! —resopló Ruth—. Perdóname, estoy con la cabeza llena de exámenes de la facultad y lo he olvidado.

—Pero por lo visto no te has olvidado de quedar con tus amigas. Si me hubieras consultado antes de hacer planes te habría recordado el día que es mañana.

¿Qué había querido decir Israel? ¿Quiso decir que debía consultar con él antes de quedar con sus amigas para tomar un refresco o ir una tarde al cine? Ruth prefirió ignorar el comentario y el tono autoritario con que lo hizo.

—Anda, porfa, ven mañana —puso voz sobreactuada que suplicaba compasión—. Me hace ilusión que las conozcas. ¡Son unas tías geniales! ¡Te van a encantar!

Silencio de nuevo. El mutismo era su arma de coacción más eficaz y le evitaba tener que gastar energía en busca de argumentos. Además, había detectado el gran impacto que su mudez provocaba en Ruth. Por muy fuertes que sean las palabras, nada tan fuerte como el silencio.

—Está bien —hizo una mueca de disgusto, pero cedió, como siempre—. Si es lo que tú quieres, vamos allí.

—¡Esa es mi chica! —ahora sí respondió. Lo hizo con extremada alegría y poniendo un inquietante énfasis en el posesivo "mi".

Me toca buscar una excusa para mis amigas, pensó Ruth mientras apagaba la luz y ponía el móvil en silencio antes de dormir. *Estoy pasando demasiado de ellas; la verdad es que extraño las risas que nos echábamos. Desde que salgo con él solo las veo en la uni,* analizó un poco desconcertada.

Recordó de pronto que Israel le había pedido que dejase el teléfono con sonido por la noche. "Quiero que estés disponible para mí las veinticuatro horas". Justo cuando activaba el sonido, le sobresaltó el silbido de un WhatsApp: "Buenas noches, amor MÍO. Que descanses muy bien". Un gran desasosiego la sobrecogió al observar las mayúsculas. ¿A cuento de qué ese énfasis en los posesivos?

Esta vez no le contestaría; no le gustaba su actitud. Introdujo el móvil bajo la almohada y se tumbó mirando a la pared y dando la espalda al teléfono. Pero enseguida pensó en los ojos de su chico y la luz de esas pupilas desplazó los pensamientos oscuros. Se giró y en la oscuridad buscó el móvil, lo arropó con los dedos sintiendo que era la mano de Israel, recordó además que él le pidió que respondiera rápido a sus mensajes: "Te quiero demasiado y me preocupo cuando no respondes enseguida". Así le había dicho su novio, y cuando se lo contó a sus amigas ellas fliparon: "Es un controlador, ¡ten cuidado con ese tío!". *Ellas no tienen ni idea* —pensó—, *ninguna tiene novio.* Israel no lo hacía por controlarla, sino porque la amaba. Así lo veía Ruth.

Con sonrisa de enamorada escribió: "Feliz noche, amor. Descansa tú también".

ACOSO Y CONTROL

—¡Estuvo genial la peli! Te habría encantado —le dijo Noe cuando se vieron en clase.

—Tom Cruise mejora con cada entrega de *Misión Imposible* —aseguró Paula con ojitos de quien piensa en su amor platónico.

Ruth guardó silencio. ¿Cómo decirles que las envidiaba, que ella también querría haber visto a Tom Cruise? El batido de frutas que tomó con Israel no le supo tan rico como la primera vez, y tampoco el ambiente fue lo mismo. Israel había perdido parte de su romanticismo y solo parecía interesado en tocarle el cuerpo, sin que le interesase en absoluto lo que ella sintiera. "Busca a alguien que sin ponerte un dedo encima te haga sentir cosas", esa frase, que no sabía si se la ocurrió a ella en el momento o la había leído en algún lugar, la acompañó toda la tarde.

—El sábado abren las piscinas —le dijo Noe mientras esperaban a la profesora de "organización de las instituciones educativas"—, ¡ya casi estamos en veranito! ¡Iremos a la pisci del barrio! ¿Te apuntas?

—No puedo —respondió con parquedad.

—¡Pero antes siempre venías! —se quejó Paula.

—Antes era antes —replicó Ruth a la defensiva.

—Lo pasabas bien, eras de las que más ruido hacían —Noe hablaba entre triste y enfadada—. Te estamos echando mucho de menos. ¿Por qué no quieres venir?

—Porque este invierno he sido una gocha —intentó una risa, pero sonó falsa—. Me he comido miles de litros de helado y no quiero que piensen que *Michelin* está en la piscina.

—No te creo —repuso Noe con tristeza.

El rostro de Ruth perdió luminosidad y se oscureció bajo una lluvia de cenizas; para evitar mirar a su amiga se puso a ordenar cosas sobre el pupitre. Noe tenía razón, ella era de las que más ruido hacían; de las que llenaban de alegría el ambiente. Lo echaba de menos. Estaba quedándose sin amigas. Estaba cavando zanjas alrededor, aislándose de todo y de todos. Sin más futuro que Israel.

Un silbido en el móvil avisó de la llegada de un mensaje. Lo cogió y cuando iba a leer, escuchó la voz de su amiga:

—Es por tu novio, ¿verdad? Por eso no vienes a la pisci —había pena y fastidio en la voz de Paula—. No quiere que vengas con nosotras.

Ruth no respondió. ¿Qué iba a responderles? ¿Que a Israel no le gustaba salir con más personas? ¿Que quería estar solo con ella? La última vez que le dijo que se acercaba el verano y que pronto podrían ir a la piscina, él la miró con una intensidad atemorizante y luego dijo: "¿Serías capaz de ponerte un bikini para que otros te miren?". La pregunta la dejó desconcertada, e intimidada también. Por esas cosas de las conexiones neuronales llegó a su mente, como desenterrándose de la memoria, la frase de Moshe Dayan que tiempo atrás leyó: "La libertad es el oxígeno del alma". No era libertad lo que ahora sentía.

—Ten cuidado tía, comprendo que estés enamorada, pero ten cuidado —le dijo Noe sacándola de su ensoñación.

—Y mejor que pongas tu teléfono en silencio —recomendó Paula—. Ya que te escribe cada tres minutos, por lo menos que no suene, o te llevarás una buena bronca de la profe.

Y la profe había llegado. Carraspeó y cerró la puerta. Las conversaciones se convirtieron en un rumor que fue extendiéndose y bajando de volumen conforme cada uno ocupaba su sitio. Noe y Paula regresaron a sus pupitres. Apenas se dijeron un murmurado "adiós". Y el abismo aumentó a medida que se enfocaban en direcciones contrarias.

Sin mirar alejarse a sus amigas y mientras la maestra comenzaba a hablar, Ruth leyó el mensaje en la pantalla de su teléfono.

—"Ella no es bonita, es una palabra muy pequeña; ella es fuerte, y sus ojos demandan atención. Mirarla es como despertar". Leí esta frase de Benedetti —decía el mensaje—. Creo que el uruguayo lo escribió pensando en ti.

Le encantó aquel detalle tan romántico, aunque le extrañó mucho que Israel conociera frases de Benedetti. Cuando comenzaron a salir, ella le dijo que leía a Megan Maxwell y él se rio con desprecio y casi presumió de que nunca había leído un libro. Y le seguía doliendo recordar la reacción que Israel tuvo cuando le propuso que hicieran una biblioteca a medias. La miró con gesto de sorpresa antes de decir: "¿Que compremos libros?", y tras soltar una carcajada, afirmó: "No los leería ni aunque me pagasen, ¿y voy a pagar por leerlos?". La risa con la que selló la frase llegó hasta ella como un millón de alfileres que le perforaron el alma. "Lo siento", dijo notando el gesto taciturno que Ruth había adoptado, "pero es que leer me da sueño". "A mí no me da sueño", repuso Ruth, "a mí me da sueños".

En situaciones así no podía evitar que las palabras de sus padres martilleasen su conciencia: "Cuando inicies una relación con un chico, es importante que coincidáis en los valores; hija, por favor, sé prudente". "¿Queréis decir que debemos ser iguales?", preguntó ella.

"No", dijo su padre, "no me refiero a eso, pues nadie es igual a otro. Todos somos idénticamente distintos. Pero es fundamental coincidir en valores esenciales".

La *profe* había comenzado su charla y Ruth regresó de sus recuerdos y se esforzó por concentrarse en las explicaciones; no quería que volviese a pillarla paseando por las nubes, pero la pantalla del teléfono se iluminó de nuevo con la entrada de un WhatsApp: "¿Por qué no me contestas? ¿No te ha gustado el mensaje?, tras un emoticono de lagrimitas, cerró con una frase que exudaba indignación. "¡Lo has leído y me has dejado en visto!".

Aprovechó un descuido de la profesora para teclear rápidamente: "Me ha encantado tu mensaje, pero estoy en clase y no puedo escribir."

Apenas se habían puesto en azul los dos tics de notificación cuando llegó su respuesta.

"¿Por qué no puedes escribir? ¿Es más importante una aburrida charla que yo?".

Eso terminó de enfadarla, por lo que decidió no responder y metió el móvil en la mochila para no ver la avalancha de mensajes que, de seguro, llegaría.

Cuando terminaron las clases, Ruth seguía ofendida, así que tampoco miró el teléfono y salió rápidamente para evitar a Noe. No quería que la viera en ese estado, supondría darle la razón a su amiga.

—¿Por qué me ignoras?

Ruth se giró al escuchar a sus espaldas aquella voz. Allí estaba Israel, apoyado en un árbol, esperándola.

—¡Dime! ¿Por qué me ignoras? —repitió en tono enfurecido—. ¡Te he mandado diez mensajes y ni siquiera los has visto! ¿Es que pasas de mí?

—Sabes que no paso de ti —le hacía señas con la mano para que bajara la voz. La calle estaba llena de estudiantes y algunos ya estaban mirando.

—Más te vale no pasar de mí —gritó, haciendo caso omiso a los gestos de Ruth.

Sintió un estremecimiento. ¿Qué había querido decir Israel con esas palabras que sonaron a amenaza?

—En clase no puedo estar pendiente del teléfono —le explicó—, ya me han regañado varias veces; pueden abrirme un expediente.

—¡Pues deja las clases! —siguió gritando—. Estudiar no te servirá para nada, cuando acabes la carrera no encontrarás trabajo y estarás tan parada como yo.

—Al menos yo lo intento —en cuanto hubo pronunciado las palabras, se dio cuenta del grave error que había cometido.

—¿Qué quieres decir? —el rostro del chico, de común muy blanco, ahora estaba rojo por la furia. Sus ojos azules chispeaban—. ¿Estás insinuando que soy un vago? ¡¿Quieres decir que yo no intento prosperar?! —el mutismo de Ruth solo lograba airarlo más. La agarró del brazo y se pegó a ella hasta que los ojos de ambos estaban muy cerca—. ¡Dímelo! ¡¿Me consideras un holgazán?!

Noe, desde lejos, vio los airados movimientos del chico y los gestos de disculpas de su amiga. Observó que él la agarraba con fuerza de la muñeca derecha, y pudo escuchar que Ruth se quejaba. Llamó a Pablo, un compañero de clase y, sin pensarlo dos veces, corrieron hacia ellos y se interpusieron entre ambos.

—¿Estás bien, Ruth? —dijo Noe, dando la espalda a Israel.

—¡No te entrometas! —gritó—. ¡Nadie te ha dado vela en este entierro! —replicó, apartándola con tanta fuerza que Noe cayó al suelo.

PABLO

—¡**N**o vuelvas a ponerles la mano encima! —Pablo se colocó delante de Israel, protegiendo a las dos chicas con su cuerpo.

—¿Quien me lo va a impedir? —el rostro de Israel estaba congestionado.

—¡No vuelvas a ponerles la mano encima! —repitió, con el mismo tono de voz y sin perder el control de sus emociones.

Israel era petulante y soberbio, pero no tonto, consciente de la superioridad física de Pablo, y observando que un grupo de estudiantes ya estaban haciéndoles círculo, dio media vuelta para marcharse. Pero en un vano intento de conservar la dignidad, profirió otra amenaza, en este caso dirigida a Pablo:

—No tengo ganas de mancharme las manos de basura, por eso no te rompo la cara. Pero ten cuidado —entró en su Mini Cooper y arrancó, haciendo rechinar las ruedas y levantando una nube de humo del asfalto.

—¿Te ha hecho daño? —preguntó Noe, quien tomaba el brazo derecho de Ruth y observaba la piel enrojecida a la altura de la muñeca—. ¿Te duele?

—¡Qué tonterías dices! —retiró la mano rápidamente y la metió en el bolsillo de su liviana rebeca. Había enfado en la respuesta—. ¡Él me ama! ¿Cómo va a hacerme daño? La culpa ha sido mía por no responderle a los mensajes. Estaba preocupado. Y ahora, por vuestra culpa se ha marchado.

Pero Ruth, ¿te estás escuchando? —Noe estaba cada vez más preocupada—. Acaba de gritarte; te hizo daño, ¡y dices que es culpa tuya!

—¡Debí contestar a sus mensajes!

—¡Te escribe cada dos minutos! —exclamó Noemí—. ¿Cómo puede pretender que le respondas a todo? ¡No puedes responderle si estás en clase!

Ruth ya había comenzado a caminar, decidida a ignorar todo consejo. Noe, con indignación y preocupación, pateó el suelo y movió la cabeza de lado a lado, incapaz de comprender la ceguera de su amiga.

¿Qué ha pasado? —Paula había llegado a la carrera.

—Nada —musitó Pablo con gesto de preocupación—, por ahora no ha pasado nada, pero en cualquier momento puede ocurrir. Debemos estar atentos por si Ruth necesita ayuda. Y temo que la va a necesitar.

RICHARD

—¡**H**ombre, Isra! ¡Dichosos los ojos! Ya te echaba de menos.

—Hola Richard —dijo Israel, mientras se dejaba caer sobre una de las butacas de la pequeña y oscura sala. Lanzó una pierna al este, otra al oeste, y apoyó la cabeza en el respaldo bajo del asiento.

Ricardo, a quien solían llamar "Richard" y la mayoría de las veces "El rimas", se acercó a él. Se había ganado ese apodo por su afición a la poesía, y su enorme envergadura hacía pensar que se hubiera tragado todos los poemarios de la lengua española. Sus rasgos de ave rapaz, con ojos rasgados y nariz aguileña, le conferían un aspecto mitad peculiar y mitad intimidante.

—¿Qué te pasa? —Richard se sentó en otra butaca próxima que crujió bajo el insoportable peso de la humanidad que acababa de aplastarla—. Vaya cara de acelga que tienes. ¿Te ha pillado la *pasma*? ¿Estás metido en algún lío? ¿Se te ha muerto el gato?

—He discutido con mi novia.

Richard soltó una risotada histérica.

—¡¿Y por eso estás así?! ¿Estás *ploff* porque has discutido con una piba? Tío, ojalá todos mis problemas fueran como ese.

—Quiero a esa chica, ¿es que no lo entiendes?

—No seas moñas. Si esa chica te deja, buscas otra y ya está. ¿Será por chicas? Hay más pibas que bares en esta ciudad.

—Pero yo la quiero a ella.

—¡Puag! —hizo un gesto de asco—. "¡La quiero, la quiero...!" — se burló poniendo voz aflautada.

—Pensé que te llamaban "El rimas" porque tenías un poco de sensibilidad.

—Tienes suerte de que sea tu amigo —lo interrumpió—, y de que antes de ser camello fuera poeta. Cualquiera de nuestros colegas te habría echado del grupo por esa cursilada que has dicho.

—Me he enamorado, ¿qué quieres que haga?

—Enamorado... enamorado... ¡anda ya! Da lástima verte tan pillado. Bueno, hablemos de negocios. ¿Has venido a comprarme algo?

—No, he venido para que me escribas un mensajito como el del otro día.

—¿El de Benedetti? —puso un gesto de suficiencia—. A la chica le moló, a que sí. Benedetti siempre es una apuesta segura.

—Tío, no entiendo cómo viviendo la vida que vives, te salen esas cosas de la cabeza. Desde luego te ganas a pulso que te llamen "El rimas".

—Ya te lo dije, siempre me gustó la poesía, incluso gané algún concurso en el barrio, pero cuando me di cuenta de que siendo poeta pasaría hambre, preferí dedicarme a la hierba —tomó en su mano un tiesto que contenía una planta de marihuana—. Ya lo ves, sigo en estrecho contacto con la naturaleza, pero esto es más rentable. De oler rosas he pasado a cultivar hierba —volvió a soltar su risa histérica que casi sonaba a cacareo—. A ver, descríbeme a tu piba. Yo la vi una vez y me pareció que está buenísima.

—¿Qué dices? —se incorporó Israel, a la defensiva. Era un celoso patológico.

—¡Tranqui, tronco! —Richard levantó sus dos manos, poniéndose en guardia—. No voy a quitártela. Quiero que la describas para escribir algo que le llegue a la patata —se golpeó con la mano sobre el lado izquierdo de su pecho—. Quiero ayudarte a que os arregléis. Todas son unas ñoñas y con unas palabritas románticas se derriten y lo disculpan todo.

Israel comenzó una descripción típica de quien está enamorado.

— Suficiente, tío —le hizo parar con un gesto de la mano—, no sigas, que te emocionas. Estás a punto de ponerte a babear.

Richard cogió un papel, se rascó la cabeza con la punta del lapicero y enseguida comenzó a escribir. En menos de tres minutos le tendió la hoja a Israel.

No soporto que estemos enfadados. Eres demasiado bonita. Hoy vi tu semblante serio y me cautivó. Ya lo ves, hasta tu gesto taciturno me seduce. Administras con cuidado tu sonrisa, pero cuando sonríes tu perfecta y blanca dentadura añade brillo al cálido incendio que despiden tus ojos. El cabello largo, negro y algo crespo te confiere un toque exótico y misterioso. Tus manos finas con uñas cortas y cuidadas, sin pintar, son perfectas. No llevas maquillaje porque tu belleza es natural. Toda tú eres perfecta y no soporto tu distancia.

—Flipo, tío, me dejas alucinado —Israel mantenía la mirada en el escrito—. Si casi me enamoras a mí. Pero esta palabra —leyó despacio, marcando cada sílaba—: ta-ci...

—Taciturno —dijo Richard.

—Tío, no sé qué es eso. ¿Crees que ella lo va a entender?

—Fíate de mí, simplemente dáselo. Tu piba va a alucinar con esto.

—¡Te debo una, tronco! ¡Eres el mejor!

—¿Por qué crees que me llaman "El rimas"? —volvió a cacarear—. Y si quieres pagarme, píllate una bolsa de "la dama de la ardiente cabellera" —señaló a unos empaques llenos de marihuana—. La tengo a buen precio.

—Hoy no traigo pasta, Richard, pero pronto volveré; ya casi he colocado toda la "María" que me llevé la última vez.

—Pero si fue la semana pasada —Ricardo puso cara de asombro—. ¿Has colocado un kilo en una semana?

—Ya sabes, no soy poeta, pero vendiendo nadie me gana.

—¿A cómo la colocaste? —quiso saber.

—A quince pavos el gramo.

—¡Eres el mejor! —aplaudió con la misma descoordinación con la que reía—, le ganas diez euros al gramo y en una semana te vendes un kilo. ¡Diez mil pavos de beneficio a la semana!

—Te lo dije el primer día: estás fichando a tu vendedor estrella. Pero veo que no me creíste.

—Tío —Richard puso gesto serio—, me preocupa que lo estropees con el rollo del amor. Tu piba no debe sospechar nada. Si empieza a notar que mueves pasta y no sabe de qué trabajas, podemos echar a perder el negocio.

—Voy a hundirte la agencia —habló con voz en off y tono de película de terror—. Acabarás en la trena.

—¡No digas eso ni de broma!

—Tranquilo, Rimas. Tú ocúpate de que no falte alfalfa —tomó una bolsa de marihuana y la hizo saltar varias veces en la palma de su mano—, y procura tener siempre listos poemillas de estos —abanicó la cara de "El rimas" con la hoja de papel—. El romanticismo es la droga de mi chica, y si la tengo siempre colocada no sospechará nada.

ESTRATEGIA DEL DEPREDADOR

—¿Y esto? —Ruth lo miró sorprendido cuando leyó la nota que Israel le había entregado—. ¿Estás describiendo a la ganadora de Miss Universo?

—A ti —respondió, abrazándola y susurrándole al oído—, te describo a ti.

—Me voy a poner colorada —incrementó la presión del abrazo—. Gracias por quererme tanto.

—Oye —le dijo, separándose un poco para mirarlo a los ojos—, a ti tiene que gustarte leer. Es imposible escribir cosas tan bonitas si uno no lee.

—Odio leer —replicó, y añadió con prepotencia—. Los que vamos sobrados de imaginación no necesitamos que nadie nos enseñe.

—Pues en eso somos muy distintos —dijo Ruth sintiendo malestar por aquel arranque de arrogancia—. El lema de mi vida es *nullum die sine linea*.

—¿Qué has dicho? —preguntó, soltando una risotada.

—Mi lema de vida: *nullum die sine linea* —y tradujo—: Ni un día sin una línea.

Aquí Israel se dobló de la risa, y Ruth sintió una enorme desazón al constatar que al chico no le importaba humillarla.

—Bueno, pero eres guapa, muy guapa —dijo Israel, atrayéndola hacia sí y abrazándola—. Tan guapa que se te perdona todo, incluso que leas, y cada día tengo más claro que no quiero compartirte con nadie —siguió susurrando junto a su oído—, te quiero solo para mí.

Ruth, que había cerrado los ojos al posar la cabeza sobre el pecho de Israel, los abrió al sentir el silbido de una alarma en su interior. ¿Por qué no le habían gustado esas palabras que pretendían exudar romance? ¿Por qué esas expresiones no le generaban ninguna alegría, sino una negra inquietud? La voz susurrante del chico se le antojó demasiado parecida al siseo de una serpiente.

Era verdad, a Israel le irritaba la sola idea de compartirla con alguien más. De otro lado, le inquietaba que tanta luz como ella desprendía pusiera en evidencia la opacidad que a él lo caracterizaba. Ruth tenía un natural y nada pretendido carisma; generaba confianza en las personas, e invitaba, sin quererlo, a buscar consejo y dirección, cosas, todas ellas, de las que él carecía. Por eso se sentía incómodo al compartir espacio social; la quería solo para él. Compartirla en público se le asemejaba a exhibir un trofeo de oro que otros podrían codiciar.

Por su parte, Ruth era un alma que se nutrió de la inocencia y los valores que se vivían en su casa. Lo malo es que creyó que esa honestidad predominaba también fuera del hogar. Por eso, porque lo que proyectaba hacia los demás era la sinceridad que ella tenía, no fue consciente del aislamiento al que Israel iba, progresiva y paulatinamente, sometiéndola.

A Israel no le quedó más remedio que ceder a la enésima petición de Ruth para que fuera a tomar algo a la cafetería de la uni.

Saludó con aparente cortesía, aunque al llegar a Noe, sintiéndola una amenaza, la miró con excesiva seriedad y rozó su mejilla con la de la chica sin liberar ningún beso. Estuvo cerca de una hora y apenas alzó la cabeza de su Coca-Cola, como si contase las burbujas del refresco. Cuando le preguntaban algo, respondía con una insufrible economía de palabras y ante interrogantes del tipo "¿En qué trabajas?", un barniz de arrogancia afeaba su gesto cuando contestaba: "Planifico mi futuro".

—No me ha gustado cómo me miraban —fue lo primero que le dijo, mientras Israel la llevaba a su casa y apenas quedaron a solas.

Ruth no podía entenderlo; llevaba años con ellas, y todas, en especial Noemí, habían demostrado ser sinceras, legales y leales. No había detectado que lo mirasen mal. Tampoco podía entender la precipitación con que la llevó a su casa y la hizo bajarse del coche en cuanto estuvieron frente a la puerta. Por lo regular le encantaba posponer la despedida con conversaciones, abrazos y besos.

Apenas entró en su cuarto, le llegó un mensaje al grupo de amigas de la uni. Más bien era un minigrupo, pues solo estaban ellas tres.

—Tu amiguito me ha parecido un poco antipático —escribió Noe.

—Un poco huraño, pero guapo, eso sí —confesó Paula—, y mola un montón el rubí que lleva en la oreja derecha. Es como el de Cristiano Ronaldo.

—Es tímido, no antipático —dijo Ruth en su defensa.

—Y lo que lleva en la oreja no es un rubí sino un zafiro —aclaró Noe—. Ese pendiente no le ha costado menos de cuatrocientos euros, pensé que tu chico no tenía trabajo. Y cerró con el emoji de cara de asombro.

Ruth solo envió el emoticono de la muñequita que levanta ambas manos con las palmas hacia arriba. No pensaba entrar en polémicas y tampoco ella tenía respuesta para eso. Por fortuna, sus amigas no se habían fijado en las zapatillas deportivas Golden

Goose Superstar que Israel calzaba, ni en los pantalones vaqueros de Jack & Jones. La ropa que llevaba ese día valía mas que el dichoso zafiro que lucía en la oreja, y de dónde sacaba el dinero era algo que nunca le había dicho.

En su fuero interno, Ruth sabía que sus amigas tenían razón: Israel no se había comportado bien en ese primer encuentro; apenas abrió la boca. Además, su teléfono sonó tres veces y él cortó la llamada sin atenderla y sin decirle a ella quién llamaba. Luego le entró un mensaje que leyó con disimulo. Pero la dichosa incapacidad crítica, la venda que el amor había colocado sobre su visión psicológica, le hacía conferir infalibilidad a su chico.

PRIMER TRASLADO

"Tengo un encargo para ti. Pasa por aquí en cuanto puedas", así decía el mensaje que le mandó "El rimas" mientras estaba en la cafetería con Ruth y sus amigas.

Dejó a Ruth en su casa rápidamente, y llamó Richard:

—¿Qué pasa, tío? —le dijo—. ¿Qué es eso del encargo que tienes para mí?

—Necesito que me hagas un porte.

—Sabes que no los hago —conocía lo que un porte implicaba: trasladar droga—. El menudeo no me importa, pero hacer de mula no entra en mis planes.

—Es solo esta vez y no te lo pediría si no fuese un asunto de vida o muerte.

—Lo siento, tío —no pensaba ceder—. Te lo dije el primer día. Nunca haré de mula.

—Es mover un poco de mercancía hasta Valencia. Vas y vienes en el día. Te pagaré muy bien.

Rebufó. Esa última frase había sonado como música a sus oídos. "El rimas" podía tener otros defectos, pero no era tacaño. Si decía que pagaba bien, eso significaba una pasta.

—Déjame pensarlo.

—Te daré tres mil euros —desveló. Era evidente que el asunto le urgía—. Tienes una hora para decidirte.

—¿Qué hay que transportar?

—Quince kilos de pasto, solo eso. Tienes una hora —y colgó.

Nunca le gustó portear droga. Era muy arriesgado y muchos estaban en prisión por esa causa. Tenía varios amigos que hacían de mulas porque estaba bien pagado, e incluso alguno de sus colegas hacía de camello. La diferencia es que el camello lo ingiere y la mula lo lleva oculto en sus pertenencias.

Lo de ingerir lo tenía bien claro: no lo aceptaría ni por todo el oro del mundo. Nunca podría olvidar a su amigo Frank, seducido por la posibilidad de ganar seis mil euros en un porte, se prestó a llevar cocaína en sus intestinos. Ingirió las bolas diez horas antes de abordar el avión; primer error, pues los cánones indican que cuatro horas antes del viaje es lo ideal. Así y todo, Frank iba tranquilo, los ácidos del estómago comienzan a degradar el envase unas veinte horas después de la ingestión, y él iba solo a Marruecos, aunque con escala en Algeciras. Todo se confabuló contra el desdichado: retrasos en los vuelos, problemas en la escala y la mala calidad del látex de los preservativos que usó como empaque. Cuando el avión se aproximaba al aeropuerto de Marrakech y el personal de cabina daba el anuncio de ocupar el asiento y abrochar los cinturones de seguridad, a Frank le explotó una de las bolsas que llevaba en el estómago. Notó la náusea y se incorporó para ir al baño, pero de inmediato cayó al suelo y empezó a convulsionar y a echar espuma por la boca. Nada pudieron hacer por salvarle; quince gramos acabaron con su vida. Cuando los médicos forenses abrieron el cadáver, encontraron 35 cápsulas de cocaína dentro de su organismo. La muerte fue horrenda y fulminante.

Jamás se prestaría a eso. Sin embargo, transportar un poco de hierba en su coche le parecía un juego de niños. Si uno viajaba de madrugada y utilizaba carreteras secundarias, el riesgo era mínimo.

"Tres mil pavos en un día es mucha pasta", se dijo. Creo que por esta vez le haré el trabajo a "El rimas". Así, consultó en Google y pudo constatar que ser pillado con quince kilos de marihuana sería considerado un delito de "notoria importancia" que llevaría aparejada una pena de prisión de tres a cuatro años. También conllevaría multa, pero eso era lo que menos le importaba pues, como era insolvente, nunca la pagaría.

Se rascó un poco la cabeza, dubitativo; pensó un instante en Ruth, en las cosas que podría comprarle con tanto dinero. También recordó que su coche tenía los neumáticos desgastados y cambiarlos costaba una pasta que no tenía.

"Acepto el trabajito, pero serán cuatro mil quinientos euros", tecleó en su teléfono, "y no te acostumbres".

La respuesta no se demoró ni un segundo:

"Hecho, ven por ello en cuanto puedas".

¿PADRES O ENEMIGOS?

—¿Cuándo nos vas a presentar a tu "amiguito"?

—Mia puso mucho sarcasmo en la pregunta—. Ya hace casi un año que os veis y ni una foto nos has enseñado.

—Todo llegará —Ruth intentó que su voz sonase a broma, pero en el fondo estaba preocupada. Si no le habían gustado sus amigas, ¿qué podía esperar del encuentro con sus padres que eran tan conservadores?

—Lo conoce ya tu hermana? —quiso saber su madre.

—Todavía no, mamá, ya te he dicho que todo llegará.

No le gustó ese detalle a su madre. Judith y Ruth siempre estuvieron muy unidas; aunque Judith era seis años mayor que su hermana, no parecía haber distancia entre ellas y las unía una gran complicidad. Ruth sentía verdadera pasión por Noa y Samuel, sus dos sobrinos, y los niños era locura lo que profesaban por su tía Ruth. *No debe estar muy segura de que Judith y Daniel aprueben a ese chico*, pensó, inquieta, Mia, *de otro modo ya se lo habría presentado.*

Por más que intentó esquivar el encuentro, Israel no tuvo más remedio que aceptar.

—¡El sábado hace un año de nuestra primera cita! —le dijo ella ilusionada.

—¡Ah! —era obvio que no se acordaba—. Claro, lo tengo clarísimo —mintió.

—Me gustaría que para celebrarlo conocieras a mis padres —las palabras chorreaban temor.

—¿Tus padres? —las de él rezumaron decepción—. Había pensado que lo celebraríamos solitos y de manera romántica —la última palabra la dijo con un guiño en el que había más malicia que picardía.

—Por favor, ven a casa —suplicó—. Ya no sé que excusa poner a mis padres.

Israel sabía que antes o después tendría que pasar por ello. Además, estaba contento porque su viaje había salido redondo. Ni un policía en el camino y en doce horas lo había dejado todo resuelto, incluida una potente paella que comió frente al mar cuando hubo hecho la entrega. ¡Todo perfecto!

—Está bien —dijo, resignado—. Comamos con tus padres.

—¡¡¡Gracias!!! —lo abrazó, ilusionada—. ¡Verás como te caen bien! —intentó imprimir a su voz una seguridad que no sentía.

La comida discurrió con la esperada tensión. No hubo discusiones porque se cruzaron las palabras justas. Josué y Mia, para conocer algo de él, se vieron obligados a someterlo a un tercer grado, porque el chico solo soltaba monosílabos y sumergía los ojos en el plato de comida, rehuyendo la mirada de sus "inquisidores".

A la pregunta: "¿A qué te dedicas?", Ruth se lanzó en su ayuda.

—Su padre tiene un negocio de hostelería —dijo, a lo que imprimió mucha solemnidad a la frase—. Lo llevan juntos.

—¡Qué interesante! —dijo Josué, sin demasiado entusiasmo—. Me ha dicho Ruth que vas a una iglesia evangélica.

—Bueno… sí —titubeó unos instantes—. De vez en cuando voy.

—Es que el trabajo lo tiene ocupadísimo —la abogada Ruth siguió mediando.

Nada más terminar de comer, Israel alegó que tenía cosas que hacer y Ruth se ofreció a acompañarlo. Los padres, agotados por la tensión que se respiraba, no hicieron nada por prolongar el encuentro.

Toda la tarde estuvieron meditabundos y con desasosiego. Aquel encuentro los había dejado muy inquietos. Israel tenía dentro un armario cerrado cuya llave se perdió hace tiempo. Rincones oscuros a los que no llegaba la luz de la sinceridad.

—¿Qué os ha parecido? —los interrogó Ruth con infantil ilusión cuando llegó por la noche—. ¡Verdad que es guapísimo!

Josué guardó silencio. Un silencio cargado de malos presagios. En realidad, no sabía cómo decirle que lo había estremecido el muro que había tras las pupilas de aquel chico. "Los ojos son ventanas al alma", solían decirle a Ruth, pero los ventanales de aquel muchacho estaban tapiados, como si en la trastienda ocultase algo bastante feo. Eso les impresionó y estremeció a partes iguales.

—Hija —comentó Mia—, ¿no te parece que eres demasiado joven para iniciar una relación?

—Oye, que tú empezaste con papá a los 16 años —replicó con una risa—, y no digas que eran otros tiempos.

—Pues sí, ¡eran otros tiempos!

—Tengo veintidós años, mamá.

—No los tendrás hasta dentro de tres meses —le recordó su padre.

—Qué pasa —ya no rio Ruth—, ¿el corazón solo puede abrirse a los veinticinco?

—Estás muy peleona hoy —reprochó su madre.

—¡Mamá, que solo estamos hablando! Solo os he preguntado qué os parece Israel. ¿No os alegra que vaya a una iglesia y que su padre sea pastor?

—No estoy muy segura de que realmente vaya a una iglesia —replicó su madre—. Además, ser cristiano por herencia no es lo mismo que serlo por propia experiencia.

—Hija —ahora Josué intervino y optó por cambiar de argumento—. ¿No te parece que es un mal momento para echarte novio? Te recuerdo que estás estudiando.

—Lo sé, papá —no era esa la reacción que ella esperaba y su voz sonó airada—. Estoy estudiando un doble grado en Humanidades y Magisterio de Educación Primaria; ¡soy yo la que va cada día a la universidad! ¡No necesitáis recordármelo a cada rato! —esto último lo gritó ya desde su habitación, dando un portazo y dejándose caer sobre la cama.

Lloró largo rato. Tras lo cuál se limpió los ojos y la nariz y llamó al único contacto que le quedaba:

—Hola, amor...

—¿Estás bien? —preguntó él con preocupación.

—No, no estoy bien —necesitaba desahogarse—. No les has gustado a mis padres...

—Lo sabía —replicó enseguida—. Lo noté a la primera. Me han mirado mal todo el rato.

De haber estado frente a él, Ruth se habría preguntado la razón de aquella sonrisa en el rostro de su chico. Solo él sabía que la actitud de los padres de su novia lo ayudaba mucho. Ahora Ruth se refugiaría en él, solo en él. En realidad, la fingida inocencia de Israel comenzaba a resquebrajarse, dejando asomar la malicia oculta. Era cosa de tiempo que en ella el enamoramiento se convirtiera en amor, y en él la pasión se transformase en egoísmo y ansias de control.

JUDITH Y DANIEL

Judith y Ruth se amaban entrañablemente. No solo eran hermanas, sino que se profesaban una gran amistad, por lo que la creciente distancia que Ruth iba creando con todo su círculo provocó una enorme tristeza en su hermana.

—Si te entristece que se aleje —comentó Daniel con su mujer—, díselo con toda claridad, ella te quiere mucho y lo va a comprender. Seguro que ni se ha dado cuenta de que te sientes desplazada...

—¿Crees que no se enfadará?

—¡Seguro que no! —afirmó Daniel—. ¿No te acuerdas cuando nosotros comenzamos a salir? Nos olvidamos de todo el mundo.

—No fue lo mismo —interrumpió Judith—, yo todo lo comentaba con Ruth. Aunque era más pequeña que yo, siempre le contaba todo.

—Mira, vamos a invitarla a cenar —propuso Daniel—. Le dices que harás esa deliciosa tortilla de patatas que a ella la vuelve loca, y verás como no se resiste —rio.

Ruth, que estaba triste por la reacción de sus padres, necesitaba desahogarse y aceptó de inmediato. La cena estuvo bien. Noa y Samuel, que amaban a su tía, jugaron con ella hasta la extenuación, y luego se quedaron en el cuarto mientras ella hablaba con su hermana y su cuñado.

—¿Qué tal con ese chico? ¿Cómo me dijo mamá que se llama? ¿Israel?

—Mamá y papá no lo tragan —se quejó—, con eso de que soy la pequeña se creen que no sé elegir.

—Pero papá y mamá suelen ser bastante lógicos —dijo Judith— y creo que ellos solo quieren lo mejor para ti. Yo me fío mucho de la opinión de nuestros padres. Si te han prevenido de algo, yo que tú los escucharía.

Ruth, sintiéndose incómoda, interrumpió a su hermana.

—¿Vas a contarme la historia de Caperucita y el lobo feroz, para que no me acerque al bosque? —se puso a la defensiva.

—¡Claro que no haré eso! No eres una niña para venirte con cuentos.

—¿Nos lo presentarás? —preguntó Daniel, intentando suavizar el ambiente que iba caldeándose por momentos.

El rostro de Ruth se ensombreció; como si una nube de preocupación lo nublara.

—Lo intentaré.

—¿Es tímido? —preguntó Judith—. ¿Le da corte conocer a tu familia?

—Sí —se apoyó en el comentario de su hermana—, es un poquito vergonzoso.

—Bueno, ¡cuéntanos algo más de ese chico! —rio Daniel—. Ya sabes: compartir es comenzar a vivir.

—Eso nos decían siempre en los campamentos de verano de la iglesia, para animarnos a hacer amigos. ¡Ufff! Se ha hecho tarde

—dijo y se levantó, dando así por terminado el encuentro—. Mañana tengo que madrugar para ir a la uni.

Fue a la habitación de sus sobrinos. Noa y Samuel ya dormían plácidamente. Los besó con ternura y pasó su mano por el cabello de los pequeños.

—Están tan bonitos —dijo mientras abrazaba a su hermana, despidiéndose—. Gracias por la cena. ¡Esa tortilla de patatas estaba deliciosa! Cada día te sale mejor —dio dos besos a Daniel y se dirigió a la salida.

Cuando Ruth se marchó, Judith y Daniel recogieron la cocina sin apenas hablar.

Ya estaban colocándolo todo en el lavavajillas cuando Daniel opinó.

—No veo a tu hermana feliz.

—¿Qué quieres decir?

—Que cuando alguien conoce a la persona de su vida no está tan preocupada y susceptible como Ruth parecía estar. Si estás con alguien a quien amas y te ama, hablas de esa persona con todo el mundo —introdujo los últimos vasos en el lavavajillas y movió la cabeza de lado a lado—. No me gusta nada lo que intuyo.

Ruth no salió contenta de casa de su hermana. Siempre valoró mucho la opinión de Judith y no sentirla cómplice la inquietaba. Subió al autobús y se sentó cerca del conductor, como siempre lo recomendaba su madre. Tomó su teléfono móvil y entró, como acostumbraba, al Instagram de Israel, enseguida comprobó que todavía no. Aún no había subido ni una sola fotografía con ella. La red social del chico seguía saturada de capturas en las que salía haciendo poses de culturismo sin camiseta. De nuevo revisó Facebook, tampoco, ni un comentario que hiciera pensar que el musculitos estaba saliendo con una chica. Solo él delante del espejo y marcando brazos y abdominales. No le gustaba nada lo que veía en esas aplicaciones, pero no podía dejar de mirar. Su infierno personal al alcance de su *smartphone*.

¿Por qué no subía una fotografía con ella? Y la gran pregunta: ¿por qué se exhibía como si fuera una pieza de jamón ibérico en oferta en el escaparate de una charcutería?

AISLÁNDOSE

Sus padres seguían buscando la mejor ocasión de hablar con ella para decirle que ese muchacho no le convenía en lo absoluto, ¿pero cómo se le dice eso a quien está locamente enamorada? Lo ensayaron mil veces. No querían ser padres coercitivos ni querían que Ruth se sintiera atada; por el contrario, lo que anhelaban era verla volar por cielos de auténtica libertad y no encerrada tras horribles barrotes de falso amor.

Finalmente, se lo dijeron: el amor no puede permitirse esas omisiones. Hablaron con ella de la forma más cercana y amigable.

—Hija —Josué puso la mano sobre el antebrazo de Ruth, mientras Mia, sentada junto a él, adoptaba la pose de los momentos de máximo nerviosismo: las dos manos sobre las piernas, entrelazados los dedos—, no nos gusta lo que vemos en Israel, pero lo que más nos preocupa es lo que no vemos. Hay un muro en su mirada, como si ocultase algo; falta transparencia y eso nos inquieta.

Mia asintió a las palabras de su marido y se dirigió a Ruth.

—¿Recuerdas lo que hablamos mucho antes de que salieras con él? —Ruth no respondió a la pregunta de su madre, ni siquiera alzó la vista para mirarla. No obstante, ella continuó—: lo que te dijimos fue que mucho más importante que el color de unos ojos es el enfoque de la visión. Más crucial que la forma de unas manos, es en qué las emplea. Más importante que la longitud de unas piernas, es el tamaño del corazón. Amar no es mirarse el uno al otro, sino mirar ambos en la misma dirección.

La chica se mantuvo impasible. Con los ojos fijos en la puntera de sus zapatos. Los padres se estremecieron al sentir que la actitud de su hija, evitando el contacto visual, era enormemente parecida a la que habían percibido en el chico con el que estaba saliendo. ¿Sería posible que en solo un año la hubiese contagiado de esas actitudes nocivas?

—Hija —continuó Josué—, tienes unos valores que él no parece defender, al menos no con sinceridad. En solo cuatro preguntas que le hicimos durante la comida quedó muy claro que entre vosotros hay disparidad en cosas esenciales. Un pez y un pájaro se pueden enamorar, pero ¿dónde construirán el nido?

Ella oía, pero no escuchaba, por lo que su madre optó por ser más clara.

—Ruth, queremos que dejes de ver a ese chico.

Eso sí la enfureció.

—Yo amo a Israel, y os guste o no voy a seguir viéndolo.

Como movida por un resorte, saltó de la silla y comenzó a alejarse.

—¡Ruth! —la llamó su padre.

No se detuvo, ni volvió la cabeza.

—¡¡¡Ruth!!!

Ahora sí se detuvo, conminada por el tono de voz más firme, pero continuó sin girar la cabeza.

—Todo lo que hacemos y todo lo que te decimos es porque te amamos.

Cubrió los dos pasos que le faltaban para llegar a la puerta de la calle. La abrió con la mano derecha y la traspasó sin detenerse.

Fue el principio de la absoluta desconexión. A partir de ese día se volvió hermética con sus padres. Si respondía era a la defensiva y saliendo siempre en auxilio de su hiriente compañero, porque lo amaba. Lo peor fue que Ruth, ya con solo un confidente, se lo contaba todo a él, y no volvió a promover que Israel visitase su casa. El chico logró su objetivo: aislarla.

El depredador busca confinar a su víctima para privarla de todas las defensas y devorarla a placer. Busca incomunicarla porque en realidad es pusilánime y teme a sus rivales.

Quiere a su presa a solas. Y lo logró.

DROGA EN EL COCHE

—Te invito una Coca-Cola cuando salgamos —Noemí le mandó el WhatsApp justo antes de que comenzara la última clase.

—Lo siento, Noe —respondió Ruth—, pero he quedado.

Noemí la vio salir corriendo en cuanto terminó la clase y luego observó cómo se subía al Mini Cooper tuneado y de color amarillo chillón que conducía Israel. Preocupada, movió de lado a lado la cabeza.

—¿Pero es que no se da cuenta de que no es normal que ese tipo tenga un coche así si no está trabajando? —lo pensó en voz tan alta que Paula, a su lado, respondió.

—Ese individuo tiene algún rollo oculto, te lo digo yo. A ver, ¿por qué no le dice a Ruth a qué se dedica en realidad?

Nada más ocupar el asiento del copiloto, Ruth se dejó caer sobre Israel para besarlo. Sabía que sus amigas estarían mirando. *Que se fastidien*, pensó, *si tienen envidia es problema de ellas, que se busquen novio.*

—¿A qué huele? —dijo mientras se ajustaba el cinturón de seguridad.

—Yo no huelo a nada —dijo Israel, al tiempo que aceleraba y hacía rechinar las ruedas en el asfalto.

—Es un olor raro —insistió—; huele a humedad, pero también como cuando cortan el césped en el parque.

—Chica, será que hoy me he duchado y no me sequé bien el pelo —rio, atrayéndola y besándola sin reducir la velocidad.

Ruth movió la cabeza sonriendo con desaprobación. Aunque ella no lo notó, una mueca de disgusto había torcido el gesto de Israel que decidió que tendría una charla bien seria con "El rimas". Acababa de comprarle medio kilo, y por lo visto le había colado la peor; la "María" que huele a césped es de la más baja calidad. Había sido imbécil de no haberse dado cuenta, pero tiempo atrás perdió el olfato a causa de un virus y ya nunca lo recuperó. Richard se había aprovechado de eso y le había colado basura; con razón se quedó tan sonriente, e incluso le regaló cuatro bellotas.

Algo lo sacó repentinamente de sus pensamientos.

—Pero ¿qué narices hace eso aquí? —gritó Israel al tomar una curva.

Como a cincuenta metros una señal lo obligaba a reducir la velocidad. A su lado había una placa cuadrada con un círculo rojo y dentro el enunciado "Control de policía" en tinta azul. El sobresalto lo hizo frenar bruscamente, ponerse tenso y comenzar a sudar copiosamente.

—En la uni comentaron que hubo unos robos en unas casas por aquí cerca —le dijo Ruth sin darle mayor importancia—. Seguramente será por eso.

El agente indicó con movimientos de su brazo que debía detenerse; Israel apenas abrió una rendija en el cristal, no lo bajaría del todo si no se lo pedían. Bajo su asiento llevaba medio kilo de marihuana grameada: veinticinco bolsitas de veinte gramos. Tenía también las cuatro bellotas que Richard le había regalado.

A diferencia de Ruth, la poli sí identificaría el olor de "María" barata. *Maldita sea, pensó, ¡ni un solo policía cuando llevé quince kilos encima y ahora me van a pillar con quinientos gramos!*

Estaba perdido.

Si lo descubrían, no habría forma de que se creyesen que era para consumo propio, estaba claro que era para distribuir. Su mente trabajó a un ritmo vertiginoso. Reprodujo de manera extremadamente realista lo que aprendió cuando Richard comenzó a darle pequeños encargos para trapichear con "María". Lo primero que memorizó fue la respuesta a la pregunta: ¿cuánta cantidad de droga debo tener para cometer este delito?

Para que se pueda condenar, únicamente teniendo en cuenta la cantidad de droga que se porta en el momento, la droga encontrada debe superar las siguientes cantidades:

+ 100 gramos de marihuana

+ 25 gramos de hachís

+ 7.5 gramos de cocaína

+ 3 gramos de heroína

+ 1.2 gramos de metadona

+ 1440 miligramos de MDM, MDMA, MDEA

+ 900 miligramos de anfetamina

+ 3 miligramos de LSD

Se lo aprendió como quien memoriza la tabla de multiplicar. Por eso nunca llevó encima más de cincuenta gramos de marihuana. Pero la vendía tan rápido y era tanto el beneficio. Maldita ambición, fue subiendo la cantidad para subir el beneficio, hasta que ahora había multiplicado por diez lo que dijo que nunca superaría. También había memorizado las consecuencias de ser pillado por la pasma. La sanción por tenencia y tráfico de droga no bajaría de los treinta mil euros, y tal vez conllevase pena de prisión. Serán castigados con las penas de prisión de tres a seis años sin son drogas duras y de uno a tres años si se tratan de drogas blandas. Y luego estaba Ruth, podría salir implicada en el caso, la perdería para siempre.

El policía nacional inclinó su cabeza y miró por la ventanilla, primero a la chica, luego oteó el asiento de atrás y por último fijó la mirada en Israel. Toda la operativa debió llevar quince segundos, pero a él se le antojaron mil vidas. Le pareció que el agente amusgaba los ojos al mirarle y notó el cosquilleo de varias gotas de sudor que manaban de su frente, se posaban en sus cejas y tras bordearlas rodaban lentamente por sus sienes y mejillas.

Tras un lapso que a Israel le pareció inacabable, el agente le hizo señas de que detuviese el coche a un costado de la carretera.

—¿Por qué sudas? — le preguntó Ruth—. ¿Estás nervioso?

—No me gusta la poli —dijo escuetamente y en voz muy baja.

—¡Pero si la policía está para protegernos! —rio con ingenuidad.

—Pare el motor —indicó el agente—. Bajen del vehículo y abra el maletero, por favor.

Israel bajó del coche temiendo que las piernas no pudieran sostenerlo; le temblaban tanto que estaba convencido de que todos iban a ver cómo chocaban sus rodillas. Apoyándose en el vehículo abrió el portón trasero y luego, sosteniéndose en Ruth se hizo a un lado. Para evitar que el temblor de sus manos fuera percibido, apoyó el brazo izquierdo en el hombro de la chica e introdujo la mano derecha en el bolsillo de su pantalón.

El policía revolvió entre la basura que se acumulaba en el pequeño maletero y alzó la moqueta de la base, iluminando los rincones con una linterna.

Israel hacía memoria de si alguna vez había transportado la hierba atrás. Creía que no, lo máximo que hasta ese día había comprado eran cincuenta gramos y prefería llevarlo oculto bajo el asiento. Nunca quiso llevarla encima, pues si se daba la fatalidad de que la encontrasen dentro del coche, siempre le quedaba la opción de lloriquear diciendo que alguien la había metido allí, cosa mucho más difícil si te pillaban con ella encima. Pero ahora no estaba nada seguro de que fueran a tragarse esa mentira de que la habían colado en su coche sin que él se diera cuenta.

Debí haber hecho lo que "El rimas" me recomendó, pensó, maldiciendo su fallo.

"Corre a guardarlo en casa", le había dicho, "es mucha cantidad para andar paseándola por Madrid".

Las prisas por recoger a Ruth en la uni lo habían traicionado.

—Puede cerrar el maletero —le indicó el policía. Y cuando Israel esperaba que el agente se pusiera a revisar el habitáculo del coche, escuchó algo que le sonó a música celestial—: Sigan su camino.

Se ubicó en su asiento, y al agarrar el volante notó las sacudidas en sus manos. Parecía sufrir un párkinson fulminante.

—¿Ves? —dijo Ruth—, buscaban las cosas que han robado en la casa que asaltaron. Se ve que nos han visto cara de sospechosos —rio con extrema inocencia—. Por eso nos pararon.

Israel se mantuvo en silencio, y por muchos minutos no dijo absolutamente nada. Sentía el sudor corriendo por su espalda y empapando la camisa, a la vez que notaba el corazón desbocado; estaba seguro de que los latidos podían escucharse desde lejos.

SOLO PASIÓN

Avanzó marzo, y los almendros fueron mudando su flor blanca por las promesas de fruto, de color verde. Los prunus, por su parte, sembraban las calles con sus pétalos rosados, mientras sus copas adquirían una tonalidad rojiza. Ruth, como romántica incorregible, disfrutaba al máximo del aviso de la inminente primavera, mientras iba pasando de la locura del enamoramiento a la racionalidad del amor. Pero él, cuando la fugaz pasión fue menguando y la cascada de químicos se atenuó, percibió que necesitaba emociones más fuertes. No todo el mundo supera la fase en que el flechazo y la seducción deben dar paso a un amor más consolidado que se caracteriza por una confianza profunda. El amor, a diferencia del enamoramiento, toma decisiones racionales y no solo emocionales; la negociación se convierte en una de las claves para la construcción de un compromiso real y leal. El enamoramiento es la adolescencia del amor; caprichoso, inmaduro, sensitivo, emocional, sensual. Eso era lo que a él le gustaba: necesitaba sensaciones y huía del compromiso.

Israel era un depredador, y lo que produce placer al depredador es la cacería; una vez cautiva, la pieza ya no le interesa. Si la víctima se entrega, la fiera pierde todo el interés. Pero él aún no había conseguido de Ruth todo lo que quería.

Aquella noche la pareja estaba dentro del coche. Ajena a todo entre el océano de sus besos. A pocos metros, el río Manzanares fluía en silencio. La luna, en cuarto creciente, centelleaba sobre la corriente de aguas oscuras. Al ser de noche, no se apreciaba la coloración amarronada consecuencia de toda la suciedad que su caudal arrastraba. A ellos les importaba poco todo lo que no fueran sus cuerpos, la avidez todavía no saciada.

—Espera —dijo él— incorpórate un poco.

Ella se echó hacia adelante y él alcanzó el resorte que permitió reclinar totalmente el asiento de Ruth.

—Así estaremos más cómodos —la empujó hasta que quedó tumbada, y entonces la besó.

Volvían a estar excitados y los dedos de él, convertidos en tentáculos, querían apropiarse de todo.

—¿Qué haces? —replicó Ruth, parando con su mano, la de él.

—Eso te preguntó yo, ¿qué haces? —sus ojos soltaban chispas de excitación y furia—. ¿Por qué me paras?

—Sabes que no quiero que lleguemos a más.

—¿Y cuándo vamos a llegar?

—Hay cosas que quiero reservar para cuando esté casada. Te lo he dicho varias veces.

—¿Y tú te crees que yo voy a esperar a eso?

—¡Si me amas, estarás dispuesto a esperar! —Ruth accionó el resorte que elevó el respaldo de su asiento, dando por terminado el juego.

—Es una mojigatería —su gesto era de infinito fastidio—. No estés tan segura de que seguiré esperando a que me des lo que ya debiste haberme dado hace tiempo.

—Empiezo a pensar que yo estoy hambrienta de amor, pero tú solo tienes hambre de sexo.

—¿Quieres dejar de decir tonterías? —había furia en su mirada y las palabras quemaban a causa de la ira—. ¿No te das cuenta de que lo que dices son pamplinas?

Israel resopló y se dejó caer sobre el respaldo del asiento. Así, en absoluto silencio, con sus dos manos aferrando el volante y la vista fija en la oscuridad de afuera, se mantuvo por varios minutos. El silencio era su castigo preferido, sabía cuánto le dolía a Ruth que le aplicasen la ley del hielo.

—¿Cuándo buscarás un trabajo? —preguntó ella, con la sola intención de quebrar el iceberg que se había instalado entre los dos—. Si tuvieras un trabajo sería más fácil que nos casemos, y entonces disfrutaremos de *todo* —marcó con fuerza las dos sílabas de la palabra mientras acariciaba la mejilla del chico.

—¡Ya lo tengo! —respondió con evidente fastidio y haciendo añicos la magia del momento—. ¡Ya tengo trabajo! ¿Es que no lo recuerdas?

—Trabajar unas horas, de vez en cuando, ayudando a tu padre, no es un trabajo. Si pensamos formar una familia necesitamos algo de estabilidad.

Ruth sintió un estremecimiento ante la mirada furibunda que Israel le dirigió. No pudo evitar dar un respingo cuando golpeó con ambos puños el volante mientras gritaba.

—¡¡¿Y tenemos que hablar de eso ahora?!!! — puso en marcha el automóvil y, haciendo rechinar las ruedas, arrancó a toda velocidad.

No pronunció una palabra más en todo el camino, y ella tampoco, pues iba aterrada por la manera en que Israel conducía, tomando las curvas a una velocidad extrema y sin reducir en los cruces de calles ni parar en los semáforos. Cuando llegó a la puerta de la casa de Ruth, fue tan brusca la parada que ella sintió el cinturón de seguridad hincándose en sus costillas. Se inclinó para darle un beso de despedida, pero él retiró la cara. Estaba decidido a que supiera cuánto le molestaba que se hiciese la difícil.

En cuanto Ruth bajó, él arrancó a toda velocidad y los neumáticos levantaron una nube de humo al quemarse en el asfalto.

Ella se quedó mirando cómo el coche se perdía en la distancia, mientras a sus labios llegaban lágrimas saladas, y también amargas. Lágrimas desilusionadas que chorreaban preocupación. Sí, cada vez le preocupaban más sus repentinos cambios de humor. Le inquietaban aquellos arranques de frustración y furia cuando las cosas no se hacían como él decía. Aquellos ojos azules se endurecían como puntas de alfiler, y sin previo aviso la miel se convertía en hiel; entonces su dulce príncipe resultaba amargo, muy amargo. Pero ella todo lo disculpaba; en su mente aludía a esas frases de la Biblia que sus padres acostumbraban a mencionar: "El amor todo lo sufre, todo lo cree, todo lo espera, todo lo soporta".

Yo lo amo, se decía en un desesperado intento de encontrar continuidad para aquella relación que resultaba tóxica. *Lo amo con todo el corazón, así que debo creer, esperar y soportar.*

Y ese amor que profesaba le impedía ver que él no la correspondía, más bien "su amor nada sufría, nada creía, nada esperaba, nada soportaba". Pero Ruth no lo veía, la luz de los ojos de su chico la cegaban a todo lo demás.

En algún momento fue consciente de que ese centelleo de amor, lejos de alumbrarla, la estaba deslumbrando al punto de impedirla ver con objetividad el camino, pero la sensación era tan plácida y delirante que no estaba dispuesta a abandonar el oasis en el que había entrado, aunque fuera un espejismo. No lo supo entonces. Ni pudo ni quiso saber que, efectivamente aquello era solo un espejismo, porque había entrado en un desierto que acabaría por abrasarla.

A punto de entrar a casa se dio cuenta de que seguía llorando. No podía pasar así; no con los ojos enrojecidos. Tomó asiento en un banco de piedra, mientras su mente reflexionaba a un ritmo vertiginoso. Le inquietaba la presión a la que Israel la sometía. El amor se caracteriza por el respeto y no por la imposición. "Tienes valores que a él le faltan", le había dicho su padre. "Un pez y un pájaro se pueden enamorar, pero ¿dónde construirán el nido?", le recordaba su madre.

Ruth cursaba dos carreras y él no se molestaba por mejorar, ni en lo académico ni en lo profesional. No se le conocía oficio.

Recordó ahora las palabras que días atrás Noemí le dirigió mientras tomaban un refresco en el chiringuito del parque:

—Ruth, no veo claro lo tuyo con ese chico —le había dicho justo antes de que el muchacho que atendía las mesas pusiera frente a ellas los vasos con Coca-Cola y refresco de naranja.

—¿Ah, no? —replicó Ruth riendo—. ¡Perdona! —llamó al camarero—, ¿nos pones unas aceitunas o alguna otra cosa para picar? —y volviéndose a su amiga, le recordó—: pues tú me empujaste a los brazos de Israel, ¿lo has olvidado? Porque "ese chico" se llama Israel.

—Lo recuerdo cada día —Noe no se reía—, y me dan ganas de darme de bofetadas por haber hecho que lo mirases en la cafetería.

—¿Qué es lo que no ves claro de "lo mío con ese chico"? —reprodujo, impostando la voz, las palabras que su amiga había dicho.

Pero su amiga ni siquiera sonrió. Estaba empeñada en que se diera cuenta de que no iba en broma.

—Más bien te diré lo que sí veo claro —retiró su vaso con Coca-Cola y se acodó en la mesa. Se inclinó para asegurarse de que Ruth oía bien lo que iba a decirle—. Desde luego que lo vuestro no es el caso de una mujer interesada arrimándose a un hombre interesante. Más bien todo lo contrario.

—¡Una de aceitunas bien completa para estas dos bellezas! —gritó el chico, y puso el plato en el centro de la mesa—, ¡por lo menos van veinte en el plato!

Pero ellas ignoraron el halago y la broma.

—¿Qué quieres decir con eso, Noe? —la voz de Ruth sonó a la defensiva—. ¿Qué es eso de "más bien todo lo contrario"?

—Quiero decir que tú eres un chollo para él. Israel ha encontrado en ti una mina. Tus padres te dan dinero, y cada vez que sales con él tú te ocupas de pagarlo todo. Tiene un coche que, ni se merece ni sabes de dónde lo ha sacado. Viste de marca; pero al parecer no tiene un duro. Esto huele muy mal, Ruth. Tiene toda la pinta de que está dispuesto a sacarte el jugo para luego dejarte tirada —parecía que se había vaciado de todo lo que quería decir, pero tomó aire y volvió a la carga—. Y te diré una cosa más, sobre esas notitas llenas de poesía que a veces te pasa, creo que ese tipo tiene la boca envenenada de palabras preciosas que se aprende en los libros para luego dejarte a ti embobada. No creo que esa poesía la lleve dentro, sino que la busca para encandilarte.

Noe había sido sincera y habló con el corazón, pero la reacción de Ruth fue explosiva. Se levantó y se marchó, dejándola plantada. Estuvieron cuatro días sin hablarse.

Lo que más le dolía era la sospecha de que lo que le decían podía ser cierto. A ella no le importaba si Israel tenía o no dinero. Nunca buscó que su pareja fuese alguien rico e importante. Llevaba un año viéndose con Israel y aún no sabía a qué se dedicaba. Para ella un trabajo humilde era igual de digno que el más reconocido de los oficios; lo que buscaba era estabilidad y tranquilidad, pero nada de eso lo encontraba en él. Lo peor era que a Israel le gustaba aparentar y presumir; se sentía tan satisfecho de sí mismo que exhibía con orgullo su mediocridad.

—Acabaré teniendo mi propio negocio —había dicho muchas veces—. Yo no quiero ser empleado de nadie.

—¿Y no te parece que para eso deberías estudiar?

—¿Estudiar? ¡Puag! —expresaba con gesto repulsivo—. ¡Vaya pérdida de tiempo! ¿Sabes que el pulmón de acero lo inventó un vendedor de aspiradoras sin estudios? —y con ojos muy abiertos le explicaba que el precursor de los imprescindibles respiradores artificiales que tantas vidas han salvado lo había ideado un vendedor de aspiradoras que apenas cursó ocho años.

Lo malo es que a él ni le satisfacía un trabajo humilde, ni contaba con la más mínima inventiva. Solo tenía fantasías.

La diferencia entre un visionario y un fantasioso es que el primero sueña y a continuación despierta para perseguir el sueño, pero el segundo nunca deja de soñar porque vive durmiendo. En definitiva, el fantasioso tiene sueño, por eso vive dormido y el visionario tiene *un* sueño que no lo deja dormir.

Así se mantuvo Ruth, sentada en un banco de piedra frente a su casa y sumida en el recuerdo durante casi media hora. Comenzó a sentir frío; aunque la temperatura de marzo estaba siendo primaveral, todavía seguían en invierno. Se miró en la pantalla de su teléfono para asegurarse de que sus ojos ya no delatarían que había llorado. Entonces se dirigió a la puerta. No miró a la ventana de su casa, por eso no percibió el visillo abierto, ni el rostro de su madre que lucía severas huellas de preocupación. Lo había visto todo y se había estremecido al observar aquel coche de color amarillo chillón derrapando en el asfalto y saltándose la luz roja del semáforo, obligando a otros vehículos a frenar para evitar el impacto. Lloró en silencio al ver tan destruida a su hija. Ahora, al observarla dirigiéndose a la puerta, soltó el visillo mientras movía la cabeza de lado a lado y se mordía el labio inferior con un gesto de enorme desazón.

Apenas Ruth entró a su casa, su madre la abrazó, la besó y le dijo que la amaba.

Solo eso: "Te amo, hija".

Ruth correspondió al abrazo con cierta sorpresa. No supo a que se debían aquellas muestras de cariño, pero obraron de anestesia en su alma y supusieron un mensaje que ella tradujo como: "Nunca estarás sola".

Por unos segundos una frase leída en un libro de Tim Keller reverberó en su mente: "Uno no 'se enamora' —afirmaba el autor—. Uno se compromete a amar. Amar es decir: 'Estaré ahí, no importa lo que pase'". Ese era el mensaje que había percibido en el abrazo de su madre. Ese era el mensaje que nunca había sentido entre los brazos de Israel.

Su madre fue a acostarse y ella se preparó un vaso de leche. Le habían dicho que eso relajaba y ayudaba a conciliar el sueño, las dos cosas que ella necesitaba desesperadamente. Fue a sentarse en uno de los taburetes cuando apreció la Biblia abierta sobre la mesa. Unas líneas estaban subrayadas con bolígrafo rojo. Movida por la curiosidad, las leyó: "No debemos limitarnos a decir que amamos, sino que debemos demostrarlo por medio de lo que hacemos" (1 Juan 3:18, TLA).

Con la mirada fija en el tazón lleno de humeante leche, reflexionaba: *¿Por qué todo se confabula para lanzarme el mismo mensaje? ¿Será de verdad amor lo que siente por mí?*

No es tiempo de sermonear, sino de mostrarle amor, se dijo la madre al dirigirse a su cuarto y meterse en la cama. Tuvo que contenerse muchísimo, pues lo que le apetecía era sentarse frente a su hija y hacerle entender las mil razones por las que debería cortar la relación con ese chico, pero tenía la plena convicción de que prohibir sería incitar, y cualquier imposición tajante sería respondida con la actitud contraria.

Aún no lo sabía, pero el abrazo que acababa de brindar a su hija, y el tiempo de oración que había tenido por ella sobre la Biblia abierta, eran elementos mucho más poderosos de lo que alcanzaba a imaginar.

Se arropó anticipando una noche de vigilia. Aunque estaba agotada, supo que le costaría mucho trabajo conciliar el sueño. Envidiaba a su marido por la facilidad con que era capaz de dormirse. A ella cada vez le resultaba más difícil localizar los brazos de Morfeo y la mínima preocupación se convertía en alfileres que hurgaban en su cabeza haciéndole imposible dormir. Pero lo que ahora le inquietaba no era una mínima preocupación; se trataba de su hija, de la estabilidad y del futuro de Ruth.

—Tenemos que prohibirle que lo vea —le dijo a su marido unos días atrás.

—¿Crees que podemos hacer eso? —respondió él con escepticismo—. ¿Piensas que, porque se lo prohibamos, dejará de verlo? Lo único que conseguiremos es que lo vea a escondidas, y eso sería peor.

Ruth era mayor de edad, por lo que tenía libertad de actuación. Una posición taxativa implicaría darle a escoger entre ellos o Israel. No parecía sabio hacerle elegir entre seguir viviendo bajo su techo o marcharse con ese chico. ¡Qué difícil es ejercer de madre o padre! Con razón alguien dijo que tener un hijo no lo convierte a uno en padre, del mismo modo que tener un piano no lo hace a uno pianista. Hay que saber extraer la melodía. Pero a ella le daba la impresión de que solo era capaz de sacar notas lúgubres del alma de su hija.

—Los tallos rígidos se quiebran pronto —le recordó su marido—, y con los hijos es preferible dejar puentes tendidos que muros levantados.

—Tienes razón —no le quedó más remedio que admitirlo—, tender puentes es el único medio de que los recorran de regreso cuando reciban el golpe.

—Solo nos queda pedir a Dios que ese golpe no sea demasiado duro —susurró él, como quien murmura una plegaria.

ACOSADA

La musiquita de su móvil quebró el silencio en la sala de estudio de la universidad. Ruth dejó el libro precipitadamente mientras observaba que dos o tres personas la miraron; había olvidado quitarle el sonido.

"Dónde estás?", decía el WhatsApp.

¡Vaya! Se alegró de ver el mensaje. *¡Parece que ya se le ha pasado!*

Desde su enfado, un par de noches atrás, no se había dignado escribirla y los mensajes de "buenos días" y "buenas noches" que ella le había mandado se habían quedado en "visto". Eso sí, no había dejado de ver cada *story* que ella subió a su Instagram; una forma de advertirla que estaba vigilante.

Tecleó rápidamente, pues a Israel le enfadaba esperar mucho tiempo una respuesta: "Hola, amor, estoy estudiando en la biblioteca".

Volvió al libro. Tenía que aplicarse, pues iba atrasadísima; era la recta final de la carrera, por lo que se juntaban unos exámenes con otros y le daba la sensación de vivir en permanente estado de evaluación académica.

"¿De verdad?", la pregunta iluminó la pantalla del teléfono a la vez que el soniquete volvía a atraer la mirada de todos. Alguno, incluso, siseó pidiendo silencio. Todos los alumnos de cuarto, incluida ella, estaban enfrentando los exámenes finales y la biblioteca estaba atestada.

Resopló. No le gustó nada la pregunta. ¿Cómo que si "de verdad?".

Esa obsesión de tenerla controlada la fastidiaba cada vez más. Siempre lo había notado controlador, pero al principio la hizo sentir halagada, y es que en los inicios pensó que era porque estaba colado por ella, pero ya no le parecía bonito, sino asfixiante.

"¡Síí!", triplicó la i con toda la intención, "¡de verdad!".

Ahora sí, puso el móvil en silencio, justo a tiempo de que el nuevo mensaje no emitiera sonido, sino solo luz en la pantalla: "Mándame una foto".

"¡¿Cómo?!"

Lo leyó varias veces, pues no daba crédito a la orden terminante que veía en la pantalla. ¡Eso ya era el colmo! ¡Quería una fotografía para certificar que de verdad estaba en la biblioteca! Indignada, apartó el móvil con un manotazo tan fuerte que casi lo hizo caer al suelo. Cuando la pantalla volvió a iluminarse decidió no mirar el mensaje, pero solo aguantó dos minutos. Saber que en el chat de WhatsApp reposaba, agazapada, una nueva impertinencia le hacía imposible concentrarse en los estudios.

Leyó: "¿Por qué no me mandas la foto? ¿Es que no estás estudiando?".

Muy molesta, pero sobre todo triste, metió el móvil en la mochila e hincó ambos codos en la mesa. Sobre las manos apoyó su cabeza y enterró la mirada en el libro. Pero era inútil intentar estudiar, no veía las palabras escritas, pues en su mente solo aparecían los mensajes que acababa de leer. No era la primera vez que se sentía perseguida y agobiada por él; llovía sobre mojado y cada vez era más opresiva la sensación de estar vigilada. Fue una lluvia de lágrimas lo que enseguida le impidió ver el libro, lágrimas que rodaron por sus mejillas e hicieron un pequeño charco sobre la fotografía que mostraba la distribución idónea de un aula de educación infantil. Noe le había dicho muchas veces que era una sensiblera. "¡Tía, tú sí que eres de lágrima floja! Te imagino viendo la peli de Bambi; ¡cuando muere su madre debe darte un soponcio!".

Y era verdad, gastaba más en pañuelos de papel que en maquillaje. Pero ahora se le hacía imposible no quebrarse ante la desconfianza de Israel. ¿Acaso ella le estaba dando razones para dudar? ¿Tendría que darle lo que la estaba reclamando? Al fin y al cabo, ¿por qué esperar a estar casados? Y una pregunta hizo sombra a todas las demás: ¿Por qué siempre acababa sintiendo que ella era la culpable?

Notando que el estallido de llanto se acercaba, recogió cuadernos y libros a toda prisa y salió a la calle. No quería que la vieran llorar.

Buscó un callejón, y cuando se supo sola dejó fluir toda su preocupación y tristeza. *El amor no controla, sino que confía*, pensó, y entre lágrimas fue dándose algunas respuestas que necesitaba: *Nunca le he dado la más mínima razón para que desconfíe de mí. El amor también es respeto y él debe respetar mis principios y valores. ¡No! No le daré a mi novio lo que quiero reservar para mi marido; no precipitaré lo que decidí que debe esperar.*

Cuando nos casemos se tranquilizará, seguía reflexionando mientras, algo más tranquila, regresaba a casa. *Entenderá que si me caso con él es porque no tengo interés en ningún otro.* Una idea iba tomando fuerza y forma en su mente: ya llevaban suficiente tiempo juntos, ¿por qué no planear la boda?

La vibración de su teléfono anunció la entrada de un nuevo mensaje y Ruth sintió que se estremecía. *No, por favor, más mensajes no.* Al mirar la pantalla, observó que en esta ocasión era de Noe y respiró aliviada. Una sensación de consuelo y alegría recorrió su interior al leerlo. "Hemos quedado esta tarde en casa de Pau para estudiar.

Estamos atacadas de los nervios y nos ayudará estudiar en grupo. Supongo que dirás que no, porque te has hecho más inaccesible que *Wonder Woman*, pero yo me arriesgo a preguntártelo, ¿vienes?".

"¡Sí!", respondió de inmediato, "¡me vendrá muy bien estudiar con vosotras!".

"¡Esa es mi Ruth!", respondió su amiga. "Vendrá también Pablo, ya sabes, el empollón. Tenemos mil dudas que necesitamos que nos aclare".

Aquel plan le dio el oxígeno que necesitaba, pues estaba sintiéndose asfixiada. Pasaría por su casa a coger un par de libros que le faltaban y echaría la tarde en casa de Paula. Esa idea la hizo sonreír de nuevo, pues le recordaba tiempos antiguos de libertad.

¿Y si hablaba con ellas sobre lo que sentía? Dolía mucho guardar silencio. Necesitaba decirlo. "Las emociones no expresadas nunca mueren. Son enterradas vivas y salen más tarde de peores formas", afirmó Sigmund Freud. El problema era que confesar lo que ocurría suponía dar la razón a quienes la habían prevenido contra Israel. Noe, sus padres; incluso su hermana, Judith, se lo había dicho: "Israel no te conviene". Si ahora les decía que la acosaba y asfixiaba, le dirían que lo dejase, pero ella quería a ese hombre. Ese era el gran problema: lo quería con el alma, y por eso evitaba poner en contra a sus padres.

Todo cambiará, intentaba convencerse, *él cambiará y seremos muy felices juntos.* Quería creer que había encontrado a su príncipe azul. Lo que no imaginaba es que todos los príncipes azules destiñen, y algunos, bajo la pátina de atractivo color ocultan una negrura tan atroz que puede oscurecer toda la vida.

Nadie, en el corazón del enamoramiento, está dispuesto a admitir que esa apasionada primavera dará lugar a un gélido invierno que hará tiritar el alma. Le sedujo tanto el color de aquellos ojos que no reparó en el enfoque de su visión. Tanto le cautivó la forma de sus manos que no prestó atención para conocer en qué las empleaba. Se fijó en el volumen de su cuerpo; pero no en el mezquino tamaño de su corazón. En definitiva, quedó cautivada por el envase y no reparó en el tóxico contenido. Hasta que lo hubo ingerido.

Ya estaba llegando a casa. Empeñada en lograr tranquilidad mental, se autoconvenció de que el problema de Israel era solo una cuestión de inmadurez. *Debo tranquilizarme, se dijo, con los años se curará.*

Estaba aproximándose al portal de entrada, cuando escuchó el sonido de un claxon de automóvil. Semioculto entre los árboles estaba el Mini Cooper de Israel. Dio dos toques más de bocina, como una invitación de que fuera con él. Corrió, extrañada de verlo casi en la puerta de su casa, y se acercó a la ventanilla.

—¡Hola! —le dijo, sorprendida—. ¿Por qué no me avisaste de que vendrías?

—¿Es que tengo que pedir permiso para ver a mi novia? —respondió, y añadió con sarcasmo—. Disculpa, no sabía que debía rellenar una solicitud para que me concedas audiencia.

—¡Qué tonto eres! —rio Ruth—. Sabes que nada de eso es necesario.

—Entonces, ¿cuál es el problema? —replicó, sin corresponder a la sonrisa de Ruth—. ¿Es que interrumpo alguno de tus planes?

—Solo iba a estudiar —replicó, ya sin sonreírle—. Ese es mi único plan.

—¿Pero no estudiaste en la biblioteca? —había suspicacia en la pregunta—. ¿O es que no estuviste en la biblioteca? Como al final no me mandaste la fotografía. ¿Por qué no has contestado a mis mensajes?

Ruth tomó aire lentamente por la nariz. No quería explotar en lágrimas. *No ahora, por favor.* Debía responderle algo. Pero ¿qué podía responderle? ¿Debía decirle que había intentado estudiar, pero él, con su maldito acoso, arruinó el tiempo de estudio? ¿Debía gritarle a la cara que estaba harta de su control y de su desconfianza?

Tal vez debería hacerlo, pero para eso era necesario un valor del que ella carecía.

—Dime, ¿con quién estuviste? —Israel seguía esperando una respuesta y la miraba fijamente, como intentando captar algún gesto de nerviosismo que la pusiera en evidencia—. ¿Qué estuviste haciendo?

Ruth sintió un impulso casi irrefrenable de darle una bofetada, pero se contuvo.

—¿Para esto viniste a la puerta de mi casa? —le dijo, ya al borde de las lágrimas—. ¿Para acusarme? Di, ¿para esto viniste?

—¡Eh, eh!... tranquila, no quise hacerte daño.

—¡Pues me lo hiciste! —la voz de Ruth se quebró a causa de la emoción.

—Sabes que me preocupa cuando no respondes a mis mensajes —Israel descendió del vehículo y la abrazó—. Si te pido una fotografía es porque te echo de menos y necesito verte. Ni siquiera miraste mis últimos mensajes. Eso me preocupó mucho y por eso vine a tu casa.

—¿Seguro que es por eso? —le dijo, al tiempo que quitaba con el dorso de su mano las lágrimas que pugnaban por salir.

—¿Y por qué va a ser sino...? —besó sus labios y mantuvo su boca sobre la de ella. Solo los separó para decir—: Eres mi tesoro, y me preocupo por ti porque eres mía.

Ruth se dejó besar y cerró sus ojos, pero en su mente martilleaba ese constante pronombre posesivo: *mía... mía...* Israel ya lo utilizaba como un mantra.

Él quería seguir besándola, y hasta hizo el intento de que ambos entrasen al coche.

—De verdad, debo estudiar —le dijo—. Estoy de exámenes hasta arriba. Estoy acabando la carrera y son los exámenes finales. Luego ya solo me quedará el trabajo de fin de carrera y enseguida tendremos mucho más tiempo para nosotros.

—Hagamos algo —sonaba casi dulce—, te dejaré estudiar, y en hora y media paso a buscarte y salimos a tomar algo.

—Es que... —titubeó, nerviosa—, he quedado en ir a casa de Paula para repasar en grupo el examen de mañana.

—¡¿En grupo?! —inquirió con recelo.

—Sí.

—¿Haces planes sin contar conmigo?

—¡Hace meses que no quedo con mis amigas!

—¿Amigas? —pareció relajarse un poco—. ¿Solo habrá chicas?

—También estará Pablo... —era inútil ocultárselo; sus amigas iban de *influencers* y subirían alguna foto del grupo. Era peor ocultárselo y que luego, en Instagram, viese que había un chico.

—¿Pablo, el de la melenita? ¿El que siempre me dices que es un sabelotodo?

Ruth prefirió no hacer ningún comentario.

—Pensé que sentías por mí lo mismo que yo siento por ti —dijo Israel en tono taciturno.

—Lo siento igual.

—Me dejas en segundo lugar. Eres una egoísta.

—¡Solo he quedado para estudiar! —Israel tenía la capacidad de llevarla al límite, no paraba de hacerla sentir culpable.

—¿Es que nunca vas a comentarme lo que tienes previsto hacer? —no descansaba hasta verla llorar.

Cuando lo consiguió; cuando ella estalló en lágrimas, entonces la abrazó y la meció en sus brazos mientras susurraba cerca de su oído: "Tranquila. Te perdono. Te quiero demasiado como para no perdonarte. Sé que ya nunca harás planes sin consultarme", y en tono condescendiente autorizó: "Venga, ve a estudiar".

Ruth se alejó lentamente, hasta que escuchó que él la llamaba. Entonces se giró.

—No llevarás esa ropa, ¿verdad?

—¿Esta ropa? —miró su pantalón vaquero y la blusa de color crema—. ¿Qué le pasa o qué tiene?

—El pantalón se ciñe demasiado y a la blusa no le vendrían mal un par de botones más.

Intentó sonreírle; pero en cuanto se giró soltó un bufido.

—¡Te quiero! —le gritó él desde el coche.

—¡Yo también te quiero!

—Pues demuéstralo, deja el móvil encendido, y llámame luego, cuando llegues a casa —Israel gritó desde su coche justo antes de arrancar a toda velocidad.

Lo hace porque me ama, se insistía a sí misma mientras entraba en el portal.

Se dio una ducha, y envuelta en la toalla tomó una infusión caliente. Dudó entre té rojo o té verde. Últimamente él le había dicho que la notaba más rellenita.

—Debes cuidarte —le advirtió—. Las chicas delgadas son mucho más agradables de ver.

Ella lo miró frunciendo el ceño.

—¿Por qué me miras así? —interrogó Israel.

—¿Eso es lo que las chicas son para ti? —quiso saber—. ¿Un objeto al que mirar?

—¿Por qué sacas mis palabras de contexto? —se enfadaba rápidamente—. ¿Es que a ti te da lo mismo que yo esté gordo?

—Te prometo que para mí es mucho más importante la esencia que el frasco que la contiene —respondió.

—¡Filosofía barata! —cuando le faltaban argumentos se dedicaba a ridiculizar los de los demás. El arma favorita de que quien no sabe crear es destruir.

Pero lo cierto es que, desde aquella conversación, Ruth se descubrió tomando té verde para quemar grasas y expulsar todo el líquido posible. Esa tarde, sin embargo, se decantó por una infusión relajante a base de melisa, tila y valeriana. Lo necesitaba, porque comenzaba a notar que tanta presión la mantenía en niveles muy altos de estrés. *Siempre pensé que el amor te hacía sentir ilusionada, pero a mí solo me mantiene alerta y temerosa*, reflexionó unos segundos mientras el agua se calentaba en el microondas. *Bueno, también dicen que quien bien te quiere te hará llorar... aunque, la verdad, nunca entendí el por qué de esa frase.*

Después de tomarse la infusión con unas galletas de espelta integral. Fue a su cuarto a vestirse. Revisó el armario, y tuvo en su mano una pulcra falda larga... pero en un arranque de coraje tiró la falda sobre la cama y se puso el pantalón y la blusa que acababa de quitarse.

Al entrar a casa de Paula le pareció que hacía siglos que no quedaban juntas. Nada más verlas, gritó y ellas la abrazaron.

Fue un tiempo delicioso. Rieron a carcajadas; y, como solía ocurrirle, se atragantó con la risa y tosió como una loca. Ruth pensó varias veces que llevaba demasiado tiempo sin reír. Tras una hora de estudio mezclado con bromas se notó mucho más relajada. Era como en los viejos tiempos.

—¡Os habéis comido todas las aceitunas! —se quejó Pablo—. Yo ni las he probado.

Paula le tiró el hueso de la que acababa de comerse.

—Ve a la cocina por más —le dijo—, sabes de sobra dónde están, si conoces mi casa como si fuera la tuya.

—¡En seriooo…! —dijo Noe con mucho retintín y alargando la última vocal—. Pablo conoce tu casa… uy, uy, ¡aquí hay tomate!

—¡Qué tonta eres! —Paula se rio, nerviosa, pero ni ella ni Pablo desmintieron nada.

—A ver, ¡libros cerrados! —Noemí se puso en pie y dio dos palmadas mirando a Paula y a Pablo—. ¿Qué nos tenéis que contar? Aquí no hay secretitos.

Paula se puso roja como un tomate y volvió a reírse como una loca.

—Mejor me voy a buscar aceitunas —dijo Pablo y se escabulló.

Ruth volvió a atragantarse con la risa y tuvo que ir al baño, pues creía que acabaría ahogada.

—Oye, Ruth —Pablo regresaba con el plato de aceitunas y se detuvo junto a la ventana—, ese de ahí abajo, ¿no es el coche de tu chico? No creo que haya muchos Mini Cooper con un color amarillo chillón como ese.

Ruth lo había escuchado desde el baño y sintió desbocarse el corazón. Se aproximó a la ventana, y al observar el vehículo detenido frente al portal sintió que le huía la sangre de la cabeza. Rezó interiormente para que no fuera el de Israel; amusgó los ojos para afinar la mirada y leyó la matrícula.

No había duda.

—Es su coche —dijo con voz temblorosa—, pero desde aquí no veo el asiento delantero. No sé si él está.

—Vamos a mi habitación —dijo Paula—. Desde allí podremos verlo de frente.

Estaba.

Israel, sentado ante el volante y con los auriculares puestos, seguramente escuchaba música.

—¿Cómo ha hecho para saber que estoy aquí?

—El cómo es muy sencillo —dijo Pablo—. Hay mil aplicaciones que permiten localizar a las personas rastreando su teléfono móvil. La verdadera pregunta es ¿por qué?

—No te entiendo —la voz de Ruth seguía sonando trémula.

—Yo sí le entiendo —replicó Noe con un enfado monumental—. La gran pregunta es ¿por qué ese tipo ha querido localizarte? ¿Por qué no te deja respirar un segundo? ¿Por qué te asfixia de ese modo?

—Para mí hay otra pregunta más importante aún —ahora era Paula quien atacaba—: ¿por qué le permites que te haga eso?

Pero Ruth no escuchaba lo que le decían. Estaba muy preocupada.

—¡Estás temblando! —exclamó Pablo mientras la sujetaba por el brazo—. ¿Qué te ocurre? ¡Estás asustada!

—Cuando vea que tengo esta ropa... me dijo que no me la pusiera para venir aquí.

Noe, sorprendida y mucho más, exclamó con los brazos abiertos y las palmas de las manos hacia arriba.

—Pero ¿te estás escuchando? —se puso frente a Ruth, mirándola a los ojos—. ¿En serio te dice la ropa que debes ponerte?

—Voy a bajar —dijo Ruth cuando se acercaba a la mesa y comenzó a recoger sus libros.

—¡No! —Noe se interpuso entre Ruth y la puerta de salida—. No bajarás tú sola. Vamos a bajar contigo —decidió—. Te acompañaremos y como se le ocurra decirte algo por la ropa que llevas, le parto la crisma.

Al salir del portal, Israel la vio y descendió rápidamente del automóvil. Al constatar que bajaba acompañada se recostó, en actitud chulesca, sobre el capó del Mini Cooper, y la miró fijamente. Ella se puso tan nerviosa que los libros se le cayeron al suelo y muchas hojas de apuntes se desperdigaron. Pablo corrió a ayudarla, amontonó varios folios y se los pasó a Ruth, que seguía agachada en el suelo.

—¡Eh, melenas! —la voz, desafiante, sonó como un trueno sobre la cabeza de Pablo, que aún seguía agachado—. ¿Quieres dejar de mirar el escote de mi novia?

Israel lo empujó, pero no logró que Pablo cayera al suelo. El chico se incorporó, dejando en evidencia que a su lado Israel parecía un pigmeo. Lo superaba en no menos de treinta centímetros, pero también lo superaba en educación y principios, por eso dio un paso atrás evitando la confrontación.

—Ruth, si necesitas algo no tienes nada más que decirlo —musitó.

—¿De qué vas? —Israel lo había escuchado y se encaró, aunque para ello tuvo que alzarse sobre la punta de sus pies—. Si necesita algo ya estoy yo aquí para dárselo.

Pero no lo repitió dos veces, Israel era soberbio y prepotente, pero no era tan estúpido como para provocar a alguien que podía dejarlo nocaut en el suelo con solo un movimiento de su largo cabello.

Todos pudieron ver la brusquedad con la que Israel metía a Ruth en el coche.

—Voy a seguirles —dijo Pablo y se dirigió a su automóvil—. Quiero estar seguro de que no le hará nada.

—Voy contigo —Noemí lo siguió.

—Por favor, decidme luego algo —suplicó Paula.

Siguiéndoles a prudente distancia pudieron constatar que ambos discutían. Cuando vio la excesiva agitación de manos y cómo Israel soltaba el volante y el coche invadía la calzada contraria, Pablo estuvo a punto de adelantarles para obligarlos a parar, pero observó con alivio que los aspavientos cesaron e Israel tomó rumbo a casa de Ruth. En cuanto el vehículo se detuvo, ella salió muy deprisa, sin que cruzase entre ambos una despedida, y entró en su portal. Israel, como de costumbre, quemó rueda arrancando a toda velocidad.

Detenidos en la puerta de casa de Ruth, llamaron al teléfono de su amiga, pero ella no respondió. Le mandaron un mensaje de texto y le indicaron que estaban abajo por si necesitaba algo, aunque solo fuese hablar.

La doble palomita azul delató que había leído el mensaje, pero no hubo ninguna respuesta.

Al día siguiente no llegó a la primera clase, la única en la que no había examen, y entró al aula justo cuando comenzaba la segunda. En el breve descanso de media mañana los tres se acercaron a ella y observaron, muy preocupados, la herida que tenía en el labio superior.

—Es un herpes labial —replicó a la defensiva—. ¿Es que a vosotros no os ha salido nunca una pupa?

—Claro que me han salido —replicó Noemí con energía—, ¡por eso sé que eso que tienes en el labio no es una pupa! ¿Nos tomas por tontos? ¿No te das cuenta de que somos tus amigos?

—Y aunque fuera una pupa —dijo Pablo con su habitual tono reposado, pero con mucha determinación—, esos herpes suelen salir tras un gran disgusto. Ruth, ¿has considerado la posibilidad de cortar con ese tipo?

—Pues mira, esta mañana, "ese tipo", como tú lo llamas —el tono era desafiante—, me estaba esperando en la puerta de casa; me pidió perdón mil veces y me ha regalado un Apple Watch —se alzó la manga de la camisa para mostrar el flamante reloj. Mirando a Noe, espetó—: ¿Sigues pensando que es un miserable aprovechado?

Noe sintió una tristeza infinita ante la ceguera de su amiga. Hubiera querido decirle que ya no pensaba que era un aprovechado, sino un ladrón y un sinvergüenza. Se contuvo, pero no pudo evitar responder:

—¡Claro! Un reloj, para que no tengas ninguna excusa de responder a sus llamadas y mensajes por WhatsApp. Pero ¿de verdad no te das cuenta de que es un manipulador?

A Noemí le desesperaba que su amiga optara por el mutismo cuando le llevaban la contraria. La tomó de ambos brazos y la sacudió mientras casi gritaba:

—¿Qué te pasa, tía? —estaba alzando la voz, tanto que se ganó la atención de toda la clase—. ¡Es que vas a esperar a que te de un mal golpe y te mande al hospital! —casi con lágrimas en los ojos, advirtió a gritos—. Si no reaccionas hablaré con tus padres, y si hace falta hablaré con la policía.

Cuando Noe calló se percataron de que la profesora hacía rato que había entrado y el silencio era sepulcral, mientras todas las miradas estaban sobre ellas. Era tiempo de exámenes de fin de carrera, y no habían empezado con buen pie.

LLAMADA A MEDIANOCHE

El timbre de su teléfono sonó de forma tan abrupta que Ruth se incorporó de un salto y se quedó sentada en la cama, jadeando, asustada. Los vestigios de sueño se alejaron a toda velocidad, pero ella todavía no supo dónde estaba ni qué hacía ni por qué. Fue con el segundo zumbido cuando recuperó la noción de la realidad y con el tercero comenzó a reconocer su cama, su habitación y su mundo. Murmurando y refunfuñando sobre que la insufrible obligación impuesta por su novio de dejar el teléfono con sonido le iba a costar un infarto, miró la pantalla del móvil. No era Israel quién llamaba, sino Noe. Miró el reloj antes de atender la llamada. ¡Las doce de la noche!

—¿Qué haces despierta a estas horas? —gruñó.

—¡Uy, perdón! —bromeó su amiga—. Creo que me he equivocado, quería llamar a Ruth, pero por el tono de voz veo que marqué el número de Maléfica.

—Ya estaba dormida —su voz seguía sonando a polifonía de ultratumba—. ¡Me has dado un susto de muerte!

—Haz como yo: cuando voy a dormir desconecto el móvil —un golpe bajo de Noe, que conocía las imposiciones del novio de su amiga—. Bueno, a lo que voy: tenemos que vernos el sábado.

—¿Y no podías esperar a decírmelo mañana cuando nos veamos en clase?

—Quería adelantártelo para que no hagas planes con ese individuo con el que sales; además, como últimamente siempre llegas con la primera clase empezada.

—Pues, fíjate, ya hice planes para el sábado.

Noe rebufó con tanta fuerza que Ruth se apartó el teléfono de la oreja.

—¿A qué hora has quedado?

—Por la tarde, a las... —alargó la "a" con tono cansino.

—¡Vale! —la interrumpió—. Podemos vernos por la mañana.

—Tía, como ya te he dicho, mañana, si Dios no lo remedia, tendremos que vernos en la uni, porque seguimos de exámenes. Allí me puedes contar todas las historias que quieras, eso en el caso de que consiga levantarme cuando suene la alarma, porque, ¿sabes?, una pesada ha tenido la ocurrencia de despertarme de madrugada.

Noe se rio, y eso a pesar de que Ruth había terminado su alegato rumiando unas frases indescriptibles que no sonaron nada cariñosas.

—Por cierto —añadió, ya algo más despejada—. ¡Qué raro que me llames! Llevas dos días sin hablarme. ¿Ya se te ha pasado el enfado que pillaste en clase?

—No se me ha pasado —fue ahora Noe la que cambió su voz por un gruñido—; nunca olvidaré que me dejases seguir gritando cuando ya había entrado la profe.

—Tía, ¡te prometo que no la vi entrar!

—No solo hice el ridículo delante de todos, sino que me llevé uno de los famosos sermones de "La Angustias".

—No la vi entrar, te lo juro —insistió Ruth—. Además, aunque te hubiera dicho que callases, no me habrías hecho caso. Estabas enfadadísima.

—Y sigo enfadada —advirtió—, pero he decidido que ya me vengaré. Cuando vaya a tu casa me comeré todos los Kit-Kat que guardas en el cajón de tu mesilla de noche.

—¿Cómo sabes que los guardo allí?

—Porque ya me los he comido muchas veces —rio.

—¡Eres lo peor! —dio un puñetazo en su almohada—. ¡Y yo preocupada, pensando que era sonámbula y me los comía de noche! Bueno —añadió, poniendo voz de "no me importa nada"—, por mi puedes comértelos, mis padres se ocupan de rellenar la despensa.

—Pues, entonces, además de comérmelos meteré los envoltorios entre tu ropa interior e inyectaré vinagre en tu perfume.

Por fin había logrado que Ruth soltase una carcajada de las suyas, de las que le hacían ahogarse y terminaban en un ataque de tos.

—Entonces qué —dijo cuando se recuperó del ataque de risa—, ¿mañana me cuentas tus batallas en la uni?

—No es algo que podamos hablar allí —aseguró Noe—. ¿Te parece que nos veamos a las once?

—¿El sábado a las once? —Ruth se hizo la remolona—. Tía, me gustan las mañanas de los sábados por lo que les gustan a todos los mortales. Para dar vueltas en la cama, sin ninguna obligación. No me gusta madrugar en sábado.

—¿Madrugar? —Noe se rio en la línea telefónica—. Te estoy diciendo de quedar a las once, ¡no a las seis de la mañana!

—Había pensado pasar toda la mañana del sábado en pijama, comiendo helado de chocolate y viendo Netflix.

—¿Helado de chocolate? —volvió a reír Noe—. Lo tuyo con el chocolate es fuerte; luego te quejarás de que te salen granos.

—A mí me da igual si me salen granos, yo solo me quejo de que me salen "michelines" —resopló—. Lo único que necesitamos es un chocolate que no engorde, pero no... la NASA perdiendo el tiempo para ver si hay vida en Marte.

Noe soltó una carcajada.

—Mira —le dijo—, si quieres te invito el helado de chocolate, pero es importante lo que tengo que decirte —aseguró—. Tenemos que vernos.

—Pues sí que te pones misteriosa. Me dejas en ascuas y no seré capaz de dormir; ¡cuéntamelo ahora mismo, *please!*

—No te diré nada hasta que nos veamos —fue terminante—. ¿Será el sábado?

—Está bien —cedió de mala gana—. Espero que lo que me vayas a decir sea tan importante como que va a caer un meteorito en la tierra. Como me hagas arreglarme para una tontería te vas a enterar. ¿A las once en *El Mistura*?

—No, mejor en otro lugar. En *El Mistura* puede estar Isr... —no terminó la frase, pero ya era tarde. Ruth lo había captado

—¿Es que vas a hablarme de Israel? —se incorporó de la cama y paseó a grandes zancadas por su dormitorio—. Mira, por ahí sí que no paso.

—Ruth, es muy importante, ¡te lo juro! Quedamos en *Las Bravas*, a las once —y cortó, para no darle opción de replicar.

"EL RIMAS"

—¿**M**e estás diciendo que el poemilla que me pides no es para tu piba?

—Bueno, sí, pero no para la de la otra vez —Israel se vio pillado.

—¿Tío, cuántas pibas tienes?

—Es para la que vino conmigo aquel día, ¿recuerdas? La que se fumó un *peta* y le gustó demasiado.

—¡Claro que la recuerdo! ¡Menudo ataque de risa le dio! ¡Como que se llevó cuatro para el camino!

—Pues tengo un asuntito con ella. La tía se ha enfadado mucho y necesito ponerle un poco de tu música.

—¡Eres mi héroe! —aplaudió descoordinadamente—. Yo sin una piba que me felicite en mi cumpleaños y tú toreando en varias plazas a la vez. ¡Mi héroe!

—No sé —Israel amusgó el gesto—, a veces me siento fatal por hacer esto, pero enseguida me acuerdo de que es por el bien de ellas —rio con mucho cinismo—. Si puedo hacer felices a varias, ¿por qué voy a hacerlo solo con una? Es una labor humanitaria.

—¡Pues a esa le gustó el *peta*! —aquella risa sonaba como un cacareo—. Imagino que en vez de bombones o flores le regalarás hierba.

—Eso es lo malo: que ahora no hay quien la desenganche. Ha ido a cosas mayores —movió la cabeza de lado a lado—. Bueno, pues quiero que le hagas un poema, pero de los buenos, de los que le saquen la lagrimilla.

Una canción comenzó a sonar en su teléfono, y Richard atendió la llamada que entraba.

—¡Claro! ¡Me pongo con ello ahora mismo!

Cortó rápidamente la comunicación.

—Viene "El Pelos" por un cargamento de los grandes —dijo y se puso a remover cajas.

—Pero ¿y mi poema?

—Tendrá que esperar, lo primero es lo primero. Debo preparar la mercancía.

Israel, fastidiado, dio una patada a un rollo de cinta adhesiva de los que usaban para sellar los saquitos de droga. Este salió volando hasta estrellarse con el techo de la nave.

—Tendré que arreglarme con algo de lo que tengo por aquí —salió de la nave escupiendo juramentos y revisando sus historiales de conversación.

EN "LAS BRAVAS"

—**A** mí ponme una Coca-Cola, por favor —pidió Noe al camarero jovencito que las atendió—. Con mucho hielo.

—Para mí un jugo de naranja natural —dijo Ruth—. Tráelo con alguna cosita para picar, por favor, no me ha dado tiempo de desayunar.

—¡Vaya! —replicó Noemí—, la chica que se cree el anuncio de Michelin está pidiendo comida, ¡eso sí es una novedad!

Ruth echó a reír con ganas.

—¿Es que ya no te sientes gorda? —e inflando los mofletes añadió—; ¿no te sientes hinchada como el monstruo de las galletas?

Su risa aumentó, se hizo más nerviosa.

—Bueno, pues ahora que estás de buen humor, me toca hablarte de él.

—¡Deja en paz a Israel, ¿quieres?! —su humor cambió de golpe—. Jo, en serio, ¡tienes fijación con él!

—Cálmate.

—Estoy calmada —cambió la posición de las piernas. La derecha pasó a montar sobre la izquierda.

—¿Te parece que estás calmada?

—¿Te parece que eres una borde? —le soltó de sopetón, avanzando el cuerpo hacia ella—. Mira, te aprecio y lo paso genial contigo, pero ya está bien, ¿de acuerdo? Passsa ya, tía —alargó la "s" considerablemente, mientras arrugaba el rostro—. Si quieres reímos y hablamos, pero cambia de tema.

—Está bien —admitió Noe—. Te juro que después de esta no volveré a molestarte con Israel, pero déjame decirte lo que su exnovia me ha contado.

Ruth miró a su amiga, frunciendo el ceño.

—¿Exnovia de Israel? ¿De qué me hablas?

—Por lo que veo nunca te habló de Loida.

—¿Loida? —amusgó los ojos—. ¿Quién es Loida?

—Loida es la novia de Israel hasta, por lo que sé, hace muy poco tiempo —guardó silencio, esperando alguna palabra o reacción de su amiga, pero nada de eso llegó. Ruth tenía los labios apretados, formando una fina línea. Noe decidió ser más directa—. Cuando me empezó a hablar de Israel se puso pálida y se estremeció, como si me estuviera relatando que había visto un zombi.

—¿Puedes decirme cómo localizaste a esa tal Loida? —interrogó Ruth—. ¿Es que has estado indagando en la vida de Israel? ¿Por qué no te centras en los estudios en vez de jugar al detective?

El camarero depositó en la mesa las bebidas y un platito con dos pedazos de tortilla de patata sobre rebanadas de pan.

—Yo no la busqué —aseguró Noe—; fue ella quien vino a verme. Anteayer estaba esperándome en la puerta de mi casa.

Ruth se quedó mirándola con perplejidad, y Noe aprovechó para avanzar en su discurso.

—Comenzó a relatarme algunas cosas, pero el pánico la sobrecogió y cambió bruscamente de tema. Me costó sudor y casi lágrimas que volviese al asunto y reconociera que había sido su novia por casi dos años. ¿No sientes curiosidad de por qué ahora no quiere ni oír hablar de él?

—Muchas parejas de novios rompen —justificó Ruth, mientras tomaba una de las rebanadas de pan con tortilla y daba un buen bocado. Al verlo, Noe recordó que a su amiga los disgustos le abrían el apetito y con el estrés comía compulsivamente, justo lo contrario de lo que le pasaba a ella, que cualquier tontería le cerraba el estómago—. Para eso es el noviazgo —siguió diciendo sin esperar a tragar—, para descubrir si la otra persona es la adecuada. Además, ¿por qué te buscó a ti? ¿Por qué no vino a hablarme a mí?

—No seas ingenua, tía —Noe comenzaba a exasperarse—. No fue a ti ¡porque lo primero que le habrías soltado es que era un novia despechada y celosa! Estoy intentando decirte que esa chica casi entró en pánico cuando me hablaba de Israel. Por algo será, ¿no?

—No tengo ganas de hablar de eso —tomó un largo sorbo de su jugo de naranja—. Noe, por favor, deja de agobiarme.

—Está bien —resopló sintiéndose frustrada—. Solo déjame que te de un mensaje que ella me dio para ti.

—¿Para mí?

—Cuando ya nos habíamos separado, Loida me llamó, la noté muy nerviosa, casi temblaba —y Noe también al recordarlo—. Dijo: "Dile a tu amiga que tenga cuidado con ese chico, por favor, que tenga mucho cuidado". Ese fue el mensaje que me dio para ti.

—Está celosa —desafió Ruth—. A nadie le gusta ver a su antiguo novio con otra chica. Oye, ¿vas a comerte tu pedazo de tortilla? —preguntó, y tras el silencio de un segundo pensó que el que calla otorga y le dio tal mordisco que se llevó toda la tortilla y la mitad del pan.

—Bueno, pues si crees que está celosa díselo tú misma —Noe había levantado la cabeza y mantenía la mirada en la puerta de la cafetería—. Loida acaba de llegar.

—¿Qué dices? —Ruth miró a su amiga con el rostro congestionado, tragó lo que tenía en la boca sin apenas masticarlo, dejó el pedazo de pan sobrante en el plato y se levantó con la intención de marcharse—. ¿Qué es esto? ¿Una encerrona? ¿Le dijiste que viniera?

—Le pedí que viniera, sí —Noe agarró el brazo de su amiga—. Ella me dijo que no sería capaz, pero por lo visto ha reunido fuerzas suficientes. Ruth, por lo que más quieras. Quédate a escuchar lo que tiene que decirte. Por favor, hazlo por nuestra amistad. Nunca haría nada malo contra ti, eres mi mejor amiga.

Ruth volvió a tomar asiento, soltando un bufido que puso a volar las dos servilletas de papel que había sobre la mesa. Mientras Noe se aproximaba a Loida, que se había detenido junto a la puerta de entrada.

—Hola —dijo con voz tímida cuando llegó a la mesa.

—Hola —musitó Ruth sin siquiera mirarla.

Noe se sentó junto a Loida y Ruth quedó sola, frente a ellas.

—Supongo que te resulta raro que venga a hablar contigo.

—Pues sí, bastante raro.

—Incluso, es posible que te enfurezca que lo haga.

—Afirmativo —ahora sí la miró, con gesto desafiante.

—No lo habría hecho si tu amiga no me hubiera insistido, así que, simplemente te contaré lo que hay y luego me marcharé.

—Pues, adelante —Ruth se mostraba fría, aunque interiormente estaba descompuesta y temblaba. La chica que tenía delante era increíblemente parecida a ella. Ojos oscuros, cabello casi negro. Rostro ovalado y labios finos. Dicen que todos tenemos un doble en algún lugar del mundo. Ruth lo tenía frente a sus ojos en ese mismo momento. De estatura debía ser exactamente igual, solo que Loida era más delgada y lucía algo demacrada y ojerosa.

—Conocí a Israel de forma casual. Un domingo en la noche, mientras estaba con unas amigas, él me miro y yo me quedé flechada por sus ojos.

—¡Bingo! —pensó Ruth, algo sobrecogida—. ¡Está contando la historia de mi encuentro con Israel!

—A partir de ese momento me persiguió a través del teléfono. Yo no quería enrollarme con chicos, pues bastante tenía con intentar sacar adelante mi carrera, pero al final comencé a salir con él. En pocos meses me tenía en sus garras.

—¿Garras? —inquirió con suspicacia Ruth.

—Sí, garras. Porque un enamorado acaricia con manos; pero un depredador aprisiona con garras, y lo suyo siempre se pareció más a esto último. No me dejaba ni a sol ni a sombra. Abandoné mis estudios, mis padres quedaron destrozados, y así siguen, especialmente porque acepté consumir lo que me dio y ahora no puedo pasar sin ello.

—No te entiendo. ¿Qué te dio? ¿Qué es lo que aceptaste consumir?

—La hierba con la que trafica: marihuana.

—¿Trafica con marihuana? —Ruth dejó abierta la boca en la pronunciación de la última vocal. Sus ojos traslucían una mezcla de dolor y sorpresa.

—Que yo sepa solo mueve hierba —advirtió Loida—, pero no puedo asegurar que no haya distribuido alguna otra cosa.

Ruth sintió que la sangre huía de su cabeza. Miró a su amiga, pero Noe tenía la mirada fija en su vaso de Coca-Cola, que seguía intacto, ni siquiera lo había probado. Supo que Noe conocía lo que Loida estaba relatando.

—¿Fue por eso que lo dejaste?

—No fue esa la principal razón. Estaba harta de sus arranques de violencia.

—¿Violencia? —el sudor perló su frente—. ¿Te ha pegado?

—Digamos que me ha hecho daño —afirmó con infinita tristeza—. Al principio fueron empujones, luego me presionaba los brazos con rabia, un día me torció la muñeca. Pero siempre lloraba después de hacerlo, pedía perdón, me hacia ver que yo le había obligado a ello, y me juraba que nunca más lo haría. Al final yo acababa con la sensación de ser la culpable. Tiene una horrible capacidad de convencer. Es su mejor herramienta. Es su arma favorita —guardó un instante de silencio antes de concluir—. Si algo tengo claro es que ese tipo no vale lo que duele.

Ruth estaba sobrecogida: le parecía estar escuchando su propia historia. No lo que Loida vivió, sino lo que ella estaba viviendo en ese mismo instante.

—Y por eso lo has dejado —era una afirmación.

—Tampoco ha sido por eso —ahora se miraban fijamente. Noemí parecía haber desaparecido de la escena, lo mismo que el camarero y los demás clientes; todo se había esfumado y solo quedaban ellas dos, cara a cara. Entonces lo pronunció—. Lo he dejado al enterarme de que estaba contigo.

¿Quién estaba haciendo girar la cafetería? ¿Por qué todo daba vueltas?

—¿Estás diciéndome que acabas de cortar con él?

Loida, sin apartar su mirada de los ojos de Ruth, asintió.

—¿Estás diciéndome que salía con las dos a la vez?

Loida asintió de nuevo con la cabeza. No dijo ni una palabra, solo el gesto afirmativo, sin apartar los ojos de Ruth, quien percibió que aquella mirada era inequívocamente sincera.

Noemí, consciente del efecto que ese descubrimiento estaba obrando en su amiga, se levantó para ponerse junto a ella y la arropó con su brazo.

—Mira —Loida manipuló en su teléfono móvil y luego lo giró hacia Ruth—. Es el perfil de Instagram de Israel.

—Lo conozco —repuso Ruth, presa de un frío interno que la hacía tiritar.

—¿Ves alguna fotografía en la que aparezca contigo?

Por supuesto que no, lo sabía de sobra, pues miraba ese perfil a diario. Mil veces le había reprochado que nunca subiera una fotografía de los dos juntos, y él siempre respondió que no le gustaba airear su vida privada.

—No hay ninguna foto en la que aparezcas —continuó Loida—, como tampoco la tiene conmigo. Ese tipo es "Don yo, mí, me, conmigo". ¿Quieres saber por qué no exhibe sus conquistas?

Ruth tenía su hipótesis al respecto, y algo le decía que coincidiría con la teoría de la recién conocida que tenía enfrente. No obstante, quiso escuchar la conjetura de Loida.

—¿Por qué crees que lo hace así?

—No se deja ver en compañía femenina —expuso Loida— porque quiere aparecer como míster músculos, solterito y disponible. Se pone él mismo de carnaza para atraer peces del género femenino —en este punto, incluso se atrevió a poner su mano sobre la de Ruth, que la tenía como muerta sobre la mesa—. Estoy casi segura de que tú y yo no somos las únicas mujeres que ahora están en su vida.

—¿Cuándo rompiste con él? —la voz de Ruth sonó casi como un murmullo.

—Esta semana... al día siguiente fui a hablar contigo —miró a Noemí—. Pero Israel no se conforma con una ruptura. Me persigue, me agobia. Hoy me mandó uno de sus típicos mensajes poéticos —meció su cabeza de lado a lado, con una triste sonrisa de desaprobación—. Piensa que con esto volveré a sus brazos.

—¿Puedo verlo? —musitó Ruth.

—¿Verlo? —no entendía.

—El mensaje —aclaró—. ¿Me dejarías ver ese mensaje?

—¡Por supuesto!

Loida buscó, y en menos de quince segundos le pasó el móvil con el chat de WhatsApp abierto: "No soporto que estemos enfadados. Eres demasiado bonita. Hoy vi tu gesto serio y me cautivó. Ya lo ves, hasta tu gesto taciturno me cautiva. Administras con cuidado tu sonrisa, pero cuando sonríes, tu perfecta y blanca dentadura añade brillo al cálido incendio que despiden tus ojos. El cabello largo, negro y algo crespo te confiere un toque exótico y misterioso. Tus manos finas con uñas cortas y cuidadas, sin pintar, son perfectas. No llevas maquillaje porque tu belleza es natural. Toda tú eres perfecta y no soporto tu distancia".

Un golpe en la nuca no le habría producido tanta conmoción. Giró el *smartphone* para revisar la parte de atrás y certificar que era el móvil de Loida, que no era el suyo. Luego, volvió a leer el mensaje, esta vez muy despacio. *No ha cambiado ni una coma* —pensó estremecida—. *Es un reenvío del mensaje que me mandó a mí.*

Las lágrimas acudieron a sus ojos sin previo aviso. Pero no le impidieron ver la nota que entraba justo en ese momento. Era de Israel. Era para Loida: "Hola, amor, espero que se te haya pasado el enfado. Te veo en línea, pero no me escribes. ¿Por qué no me escribes?".

Sintió que la ansiedad iba a dominarla. Intentó inspirar por la nariz, pero el llanto se lo impidió; era un llanto convulso, inevitable e intempestivo. Se dejó caer sobre la mesa, la cabeza sobre ambos brazos y lloró ruidosamente, sin consuelo. Aquel canalla no se había molestado en cambiar ni una tilde de la nota. Sus dos víctimas eran tan parecidas que la misma bala sirvió para ambas... para perforar el corazón de ambas.

Noemí se alegró de que no estuvieran en *El Mistura*, donde casi todos las conocían y esa escenita se habría extendido como la pólvora. Los pocos clientes que había allí en ese momento guardaron silencio y las observaban, pero ninguno se atrevió a preguntarles si podían ayudarlas.

—Lo siento —susurró Loida—. No quería venir. Sabía que no era buena idea.

Se levantó y comenzó a alejarse. Pero de pronto pareció recordar algo, por lo que volvió y se inclinó hacia Ruth, que seguía derrumbada sobre la mesa.

—Por favor, ten cuidado con él. No dejes que te haga tanto daño como a mí. He adelgazado diez kilos, ahora debo ir corriendo por mi siguiente dosis. No puedo pasar sin ella. No permitas que también a ti te destruya.

Ruth permaneció derrumbada sobre sus brazos durante varios minutos. Noemí mantuvo su brazo sobre la espalda de su amiga, hasta que notó que su respiración se sosegaba y volvía a ser dueña de sus emociones.

Ruth se incorporó y tomó su bolso y la fina rebeca que había llevado.

—Te acompaño a casa —dijo Noemí cuando vio que su amiga se dirigía a la salida.

—Prefiero ir sola.

—¡No puedes ir tú sola! —ya habían cruzado la puerta y estaban en la calle—. ¡No así! Déjame ir contigo.

—Ya me encuentro mejor, de verdad. Necesito pasear.

—Pues pasearé contigo. No te molestaré, te lo prometo. Ni siquiera diré una palabra, solo estaré a tu lado.

—Te lo agradezco, Noe. Eres mi mejor... —reflexionó apenas un segundo—, mi única amiga verdadera.

—Paula se enfadaría de escuchar eso —replicó Noe intentando hacer sonreír a su amiga.

—También ella es una gran amiga. Las dos lo sois, pero hoy quiero pensar. Necesito estar sola.

—Como quieras —Noe se desesperaba ante la tozudez de su amiga—. Pero, por favor, escríbeme cuando llegues a tu casa, y ten cuidado, por favor. Ten cuidado... es que...

—¿Qué? —inquirió Ruth ante el repentino silencio de su amiga.

—Que Israel me da escalofríos.

Se despidieron con un abrazo muy prolongado. La temperatura era agradable, así que Ruth decidió ir caminando hasta la parada de metro de Opera. Esos días de abril estaban resultando cálidos sin exceso, y cuando Madrid se desperezaba y se quitaba la cubierta del invierno era realmente precioso. Pero toda esa belleza hoy la veía tras una cortina de lágrimas y sintiendo el corazón hecho pedazos.

La vibración del móvil le hizo recordar que había puesto el teléfono en silencio para que Noe no le estuviera reprochando que Israel escribía cada dos minutos. Un coche pitó con un sonido estridente e histérico al pasar demasiado cerca de ella. Se dio cuenta de que mientras leía el WhatsApp, se había aproximado demasiado a la calzada. Se separó un par de pasos para leerlo despacio: "Hace cinco mensajes que no me respondes. Ni siquiera los has leído". Entre ambas frases había un emoji; cualquier otro habría puesto el que mostraba una carita triste, pero Israel eligió el emoticono que reflejaba furia.

Ruth sintió miedo.

EN "LAS BRAVAS" 113

De pronto se dio cuenta de que había sido una tontería no dejar que su amiga la acompañase. Para evitar que Israel se enfureciese más, tecleó una respuesta rápida de disculpas y esperó para ver la notificación de recepción de su mensaje. Pronto aparecieron los dos tics que se pusieron azul en un segundo, pero Israel se desconectó. Se mordió el labio entre aterrada y fastidiada; ya la había dejado en "visto", ya estaba de nuevo el castigo del silencio. Pero siempre era mejor eso que la cólera. Guardó el móvil en el bolso y se dirigió a toda prisa al paso de peatones para cruzar a la otra acera.

El poco viento que suavizaba el calor le movió el pelo, y sintió un cosquilleo en su nuca que, poco a poco, fue descendiendo hacia su estómago hasta convertirse en un vacío. Aquel malestar tenía muchas razones de ser, pero la predominante era una inmensa decepción, a la vez que un gran enfado consigo misma. Sus padres y sus amigas tenían razón: después de la primera mentira, toda la verdad se convierte en duda, y ella ya lo había pillado en varias mentiras. La relación que tenía con Israel no iba a llevarla a ningún lado. Al menos a ningún lado bueno.

Y lo peor de todo era que a ella seguía gustándole Israel. Seguía faltándole el aire cuando el sol hacia brillar su pelo. Y sentía que se moría cuando con su mano Israel le recorría la espalda o con sus labios sellaba su boca.

CONFRONTACIÓN

Al menos, el paseo en soledad le sirvió para tomar decisiones. Sintiendo que sus entrañas eran un incendio comenzó a tomar decisiones: hablaría con Loida; había tenido la precaución de pedirle su número de teléfono. Quería conocer más detalles de la actividad a la que ella decía que Israel se dedicaba. Calculó que, posiblemente, después de esa conversación no le quedaría más remedio que hablar con sus padres. Necesitaría su ayuda para romper esa relación tóxica. En sus pensamientos iba calculando las preguntas que le harían, e intentaba encontrar las respuestas que debería darles.

Sin embargo, antes de que el metro llegase a la parada en la que debía bajarse Ruth, ya había comenzado a dudar de esas resoluciones: estaba segura de que Noe la estrangularía por dejarse llevar por tantas dudas, pero ella estaba tan sumamente enamorada de Israel, que no podía sacudirse la sensación de serle desleal si hablaba con otros antes de darle a él la oportunidad de explicarse. Por supuesto que Israel podía seguir mintiendo; por supuesto que todo apuntaba a que era un mentiroso. Pero Ruth quería intentar ser la verdad de todas sus mentiras.

Mientras las puertas del vagón se abrían, tomó la decisión: le pediría explicaciones. Eso sí, no sería ella quien lo llamase, esperaría a que él la buscara y entonces le expondría las preguntas.

La ocasión no tardó en llegar. Esa misma noche Israel le escribió para desearle felices sueños y añadió en el mensaje: "Mañana es viernes, y estrenan la última de Rápidos y Furiosos, te invito al cine".

Los dos eran fans de Vin Diesel, así que ese viernes él pasó a buscarla.

—¿Por qué nunca me dijiste nada de Loida? —preguntó Ruth tres segundos después de subir al vehículo y abrocharse el cinturón de seguridad.

Fue escuchar ese nombre y frenar en seco.

—¿Qué dices? —se giró hacia ella y la miró con ojos desorbitados.

—Loida. ¿Te dice algo ese nombre? —intentó aparentar naturalidad, aunque por dentro estaba temblando—. ¿Por qué nunca me has hablado de ella?

Mantuvo la mirada fija en ella. Israel podía haber esperado cualquier otra cosa, menos escuchar ese nombre. Se le notó que ponía a trabajar las neuronas precipitadamente, y a los dos segundos estaba pálido, casi tanto como se quedó ella cuando le hablaron de Loida. El coche seguía detenido en mitad de la carretera. Pudo ser la sorpresa, el asombro o el estupor, pero sus ojos, que primero traslucían miedo, pasaron de repente a proyectar furia, como si una nube negra cubriese de golpe el cielo de sus pupilas y se originase en ellas una terrible tormenta. Los vehículos de atrás hicieron sonar el claxon, por lo que Israel reanudó la marcha.

—¿Quién te ha hablado de Loida? —la pregunta iba impregnada en cólera.

—¿Qué importa quién haya sido? ¿Por qué me respondes con una pregunta? —se acabó el fingir, ahora ella también mostraba su irritación—. Soy yo la que debe preguntar, y mi pregunta es, ¿por qué no me hablaste de ella? Habíamos quedado en contarnos todo nuestro pasado para que no hubiera sorpresas en nuestro futuro. ¿O es que Loida no es tu pasado? Tal vez sea tu presente.

—¿Ha sido tu amiga Noemí, verdad?

—¿Qué más da? —insistió Ruth, ya muy cerca de las lágrimas ante la terquedad de su chico.

—Sí, ha sido ella —casi lo escupió y su rostro comenzó a desfigurarse en aquel gesto de furor que a ella tanto le asustaba—. ¿No te das cuenta de que esa tía está empeñada en separarnos? ¿Y sabes por qué?, ¡porque está colada por mí! ¡Por eso nos enfrenta! ¡Quiere que quede libre para lanzarse por mí!

—¿Tú te estás escuchando? —la voz de Ruth sonó a grito empapado en dolor y llanto—. ¿No te das cuenta de que pareces un asqueroso narcisista? ¿Acaso te crees Brad Pitt? ¿Piensas que todas las chicas te ven irresistible?

—¿Qué has dicho? —detuvo el coche en el lateral de la carretera y la agarró por ambos brazos. Aquellas manos apretaban demasiado. Recordó las palabras de Loida: "Sus manos se volvieron garras"—. ¿Estás diciéndome que no te parezco irresistible? ¿Quién te parece irresistible? ¿Debo tener melena y ser el empollón de la clase para gustarte? —sus manos apretaban cada vez más en los antebrazos de Ruth. Justo en el lugar donde hacía unas semanas ya le había provocado unos feos moretones que tuvo buen cuidado de llevar siempre cubiertos delante de sus padres y amigas—. ¿Es el melenas de tu clase el que te parece irresistible? ¡Dilo! ¿Estás engañándome con él?

—¡Me haces daño! ¡Suéltame!

Pero él seguía apretando sus brazos y zarandeándola.

—¡Suéltame! —gritó con todas sus fuerzas.

De pronto, Israel pareció recobrar el juicio y se dejó caer hacia atrás en su asiento.

—Perdón, perdón, perdón... —juntó ambas manos en gesto de suplica y miró al cielo.

Ruth se hizo un ovillo, pegada a la puerta del vehículo, alejándose de él todo lo posible. Valoró abrir y echar a correr, y lo habría hecho de no escuchar el llanto de Israel.

—Perdóname, por favor —la miraba sin separar sus manos y con los ojos anegados—. ¡No sé qué me pasa! No quiero hacerte daño. Nunca te haría daño. ¡Hago cosas que no quiero! —sus ojos chorreaban agua. Parecía totalmente sincero—. ¡No sé por qué las hago! ¡No quiero ser así! ¡No quiero estropear mi vida! ¡No quiero estar perdido!

Las frases salían de su boca, atropelladas e inconexas, mezclándose con sollozos. Aquellos alegatos sonaban tan sinceros que Ruth estaba conmovida.

—Tranquilo... —lo abrazó—. Verás como todo se arregla.

—¿Vas a dejarme? —la miró con ojos de miedo—. No me dejarás nunca, ¿verdad?

—Claro que no.

—¿Y ya nunca volverás a preguntarme por Loida?

Ruth lo miró. ¿Por qué no podía volver a inquirir sobre ese tema? Pero al ver aquel extraño brillo en sus ojos, negó con la cabeza, dándole la respuesta que él quería. Israel la abrazó y enseguida la besó con furia, casi con desesperación. En aquella fruición y ansiedad con que él se empeñaba en tocarla, ella no percibió amor, sino lujuria.

No pudo evitarlo, lo apartó con una energía que, por una vez, se sobrepuso al miedo, y ahora sí, abrió la puerta del coche y corrió hacia su casa. La última entrega de Rápidos y furiosos tendría que esperar.

IMPORTANTE ENCUENTRO

Cruzó la puerta de casa como una exhalación y se dirigió a su cuarto, pero su madre la había visto entrar y corrió tras ella. Se sentó en el colchón en el que su hija yacía, derrumbada y llorando.

—¿Estás bien? —inquirió muy preocupada.

Ruth lloraba y lloraba sin parar.

—Llora lo que necesites, cariño —le dijo Mia, acariciando su cabello—. Estaré junto a ti. Siempre estaremos junto a ti.

Y Ruth lloró por espacio de quince minutos, al cabo de los cuáles se sintió algo más reconfortada, al menos lo suficiente como para hablar:

—Las cosas no van bien con Israel —confesó.

—¿Quieres que hablemos de ello? —Mia tomó la mano de su hija.

—¡Estoy tan confundida! —dijo—. Lo quiero, pero a la vez tengo miedo.

—¿De qué tienes miedo?

—De él, de sus reacciones, de su pasado, de su futuro.

—¿Quieres contarme algo? —intentaba que el hermético caparazón en el que Ruth estaba guarecida se resquebrajase—. ¿Te ha ocurrido alguna cosa?

Ruth habló de diferencias de temperamento. Reveló alguna cosa, necesitaba hacerlo; pero omitió todo aquello que podría preocupar de verdad a su madre. Que era, a su vez, lo que de verdad le preocupaba a ella.

—Su padre es pastor —le recordó Mia—. Eso me dijiste, ¿verdad? Tal vez sea conveniente que hablemos con sus padres, estoy seguro de que nos ayudarán.

Cuando Josué llegó a casa se mostró totalmente de acuerdo en que una conversación con los padres de Israel sería muy conveniente, y aunque Ruth no estaba convencida del todo, fijaron ese encuentro para la tarde siguiente, allí mismo, en casa.

A la hora fijada llegó Mateo, el padre de Israel. Él se ocupó de excusar la presencia de su mujer.

En cuanto terminaron los saludos protocolarios y los necesarios gestos de cortesía, Mateo fue al grano y, desecho, les previno:

—Mi hijo es adoptado —explicó, agitando el azúcar del café negro que le habían servido—. Siendo yo soltero, evangelizaba en un barrio muy conflictivo, donde la droga circulaba con toda libertad y la miseria llenaba las calles. Allí vi a Israel, deambulando por las calles con solo cuatro añitos; iba mal vestido, sucio y en serio peligro. Cada semana, cuando visitaba esa zona de Madrid, lo veía y me dolía el corazón al observar tanto desamparo. Nadie sabía quiénes eran sus padres, y aquella criatura sobrevivía conviviendo con drogadictos. Pese a estar soltero, inicié los trámites de adopción; quería dar a ese niño un hogar y la seguridad que le faltaba. Milagrosamente, la adopción fue aprobada e Israel vino a vivir conmigo. Unos años después me casé y mi mujer lo aceptó como hijo —tomó la taza de café y la aproximó a sus labios, pero antes de beber añadió—. Parecía una película de final feliz, pero las cosas se torcieron. Israel tomó un mal camino, se rodeó de las peores compañías posibles y se ha complicado la vida. Lo mismo que a mí, también a mí me la ha complicado, y mucho —ahora sí, bebió un largo sorbo de café, como intentando que el amargor del café negro atenuase la otra amargura, que era mucho peor—. No responde a mis consejos ni advertencias. Está viviendo una vida peligrosa. Lo peor es que es tan persuasivo y locuaz que hasta a mi mujer ha logrado convencerla de que yo soy el malo en esta historia. Ha minado la relación en nuestro matrimonio. Rosa y yo discutimos a diario.

—¿Rosa? —interrogó Mia.

—Mi mujer —aclaró Mateo—, se llama Rosa. Todos los días tenemos fuertes discusiones por causa de él. Israel ha descubierto cómo manipularla y ponerla en mi contra.

Depositó la taza sobre el platillo y miró por turno a los padres de Ruth y también a ella, como mostrando su disposición a ser interpelado.

—Lo lamento mucho, Mateo. Siento de verdad lo que está viviendo, ¿pero qué nos aconseja? ¿Qué sugiere que hagamos? —preguntó Josué—. Háblenos con toda claridad, se lo ruego.

—Es lo que estoy haciendo —aseguró el padre de Israel—. Os estoy hablando con toda claridad, y aunque me duela el corazón al decir esto, mi consejo es que lo dejes —miró a Ruth con tanta ternura, así como intensidad—. No te conviene esta relación. Si quieres ser feliz, dudo que llegues a serlo con mi hijo.

Ruth agachó la cabeza, sentía que la visión se le nublaba. Estaba estremecida ante la alerta de aquel hombre.

—Mi hijo precisa tratamiento psicológico —aseguró Mateo—. Creo que su infancia ha dejado en él huellas irreversibles. Lo que está claro es que determinados comportamientos manifiestan unos desajustes muy alarmantes en su personalidad. Necesita ayuda profesional, pero se niega a recibirla. No quiere admitir esa necesidad.

En aquella reunión se llegó al firme acuerdo de que Ruth debía interrumpir esa relación. Ella misma secundó la firme decisión de dejar de verlo, y así se mantuvo por espacio de unos días.

Sospechando que se iniciaría un acoso telefónico, Josué y Mia recomendaron a su hija que cambiara de número, luego se lo rogaron, e incluso intentaron motivarla ofreciéndole comprar un teléfono mucho más moderno.

—No quiero cambiar de número porque quiero demostrarme a mí misma que no huyo de él, sino que soy capaz de enfrentar mi futuro y tomar decisiones.

—Me alegra oírte decir eso —admitió Josué—, pero temo que el hostigamiento termine por vencerte.

—Estad tranquilos, eso no ocurrirá —dijo Ruth con fingida firmeza.

Las clases habían terminado y Ruth, como era su costumbre últimamente, abandonó la clase a la carrera. Paula y Noemí la observaron con preocupación mientras se alejaba por el pasillo en dirección a la salida.

Desde que cortó con Israel estaba esquiva y rehuía hablar con ellas.

"Oye, guapi, te extrañamos mucho", le escribió Noe poco después de la ruptura. "Necesitamos que regrese nuestra amiga Ruth. La que nos hacía reír y luego ella se ahogaba al intentar reírse".

Ruth aludió a que estaba tan insoportable que no se aguantaba ni ella y que no quería hacer sufrir a sus amigas, pero que ya se le pasaría.

En eso meditaba Noe al verla correr por el pasillo en dirección a la salida. Paula y ella caminaron en silencio hasta la salida.

—Oye —dijo Paula—, ¿no es Ruth aquella que está entre los árboles?

—¡Sí! —estaba en el pequeño bosquecillo junto a la facultad—. ¿Qué hará allí sola?

—Parece que espera a alguien.

El Mini Cooper amarillo apareció enseguida y se detuvo frente a Ruth. Ella subió y el vehículo arrancó a toda velocidad.

—¡Oh, no! —Noe se llevó las manos a la cabeza—. ¡Es lo que me temía! ¡Sigue con él!

Esa misma noche escribieron al grupo de WhatsApp.

"Sabemos que sigues viendo a Israel", escribió Noe. "O hablas tú con tus padres o hablaremos nosotras".

"No puedo creer que seáis tan entrometidas".

"No somos entrometidas", replicó Paula, "somos tus amigas y no podemos ver cómo te destruyes sin hacer nada".

"Ruth, estás equivocándote", arriesgó Noe, "no seas cabezota. Ese chico solo te hará más daño del que ya te ha hecho".

"Por favor, estad tranquilas, yo sé lo que hago".

"¿Podrías intentar madurar en los próximos cuatro segundos y darte cuenta de que te estás equivocando?", suplicó Noe.

"Quedemos en tomar una Coca-Cola y hablamos despacio" —pidió Paula.

"¡Sí!", y Noe puso el emoji de aplausos. "¡Como en los viejos tiempos!".

"Por favor, dejadme vivir mi vida".

"Eso queremos", puso ahora iconos de lágrimas, "verte vivir alegrías de verdad y que nos permitas vivirlas contigo".

Pero el mensaje quedó con una sola palomita. Ruth se había desconectado.

Cinco días después, cuando Ruth llegó de la universidad, sus padres la estaban esperando.

—Hija, siéntate ahí, por favor —Josué señaló a la butaca de una sola plaza que había en el salón.

En el tresillo, frente a ella, estaba sentada su madre. El rostro desencajado y los ojos enrojecidos, como de haber llorado mucho tiempo. Josué se sentó junto a Mia y lanzó la pregunta:

—Hija, ¿sabes lo que es una relación tóxica?

—Han sido Noe y Pau, ¿verdad? —preguntó desafiante—. ¿Qué os han contado?

—Una pregunta no me sirve como respuesta —Josué no estaba jugando—. ¿Sabes lo que es una relación tóxica?

Ruth mantuvo la mirada fija en los ojos de su padre y Josué se estremeció ante la dureza de aquellas pupilas. Supo que Ruth jamás respondería a su pregunta, por lo que optó por seguir hablando.

—Tóxicas son las personas que no te quieren perder; pero no saben cuidarte. Que no te sueltan; pero tampoco saben tenerte. Que te dicen que te quieren; pero hacen cosas que te duelen. Que no te dan paz y tampoco te dejan en paz —guardó un instante de silencio. Ella seguía mirándolo, sin parpadear—. Israel es tóxico. Te está intoxicando y acabará por envenenarte.

—¿Por qué nos has mentido? —Mia hablaba y sollozaba a la vez—. Nos dijiste que dejarías de verlo.

—Lo amo —la voz de Ruth sonó casi como un chillido—. Intenté dejar de verlo, ¡pero siento que me muero! ¿Es que no lo entendéis? Ojalá fuera más fácil, ¡pero no puedo vivir sin él!

Era evidente que la única alternativa viable era hablar con Israel. Si no puedes vencer a tu enemigo, únete a él. Con el corazón destrozado convocaron a Israel en su casa.

El saludo fue gélido. Era evidente la prepotencia que exudaba aquel muchacho. Su gesto inicial parecía de triunfo, como de quien dice: "Quisisteis sacarme de vuestra vida, pero aquí estoy". Sin embargo, cuando iniciaron la conversación, Israel optó por interpretar su papel preferido, el de víctima. Fingió sorpresa, indignación, pena, hasta sus ojitos se encharcaron cuando hablaba. Josué no podía evitar que su mente lo trasladase a esa clase de zoología televisada donde pudo ver a un cocodrilo llorar mientras devoraba a su víctima. "La expresión 'lágrimas de cocodrilo' tiene su fundamento", explicaba el locutor del documental, "ya que los cocodrilos lloran mientras matan o devoran a sus víctimas y no lo hacen por un motivo emocional, sino por razones estrictamente biológicas. En este caso, las lágrimas no son un recurso de supervivencia sino, más bien, un impulso inevitable porque sus glándulas lagrimales se encuentran a muy pocos centímetros de las glándulas salivales y, por lo tanto, se estimulan de forma continuada cuando el cocodrilo come". Lo malo. Lo estremecedor y pavoroso es que esta vez la víctima era su hija.

Terminado aquel encuentro, Ruth dejó bien claro que, de una forma u otra, se iría con él. Mia y Josué no tuvieron más alternativa que ceder. Necesitaban dejar el puente tendido; necesitaban que su hija regresase… aunque fuera hecha pedazos. Pero que regresase.

DE NUEVO A SOLAS

—Esta mañana escribí esto —le pasó una hoja de papel en las que había unas líneas escritas con bolígrafo de tinta roja—: "En verdad lamento ser tan difícil, es la única palabra que encuentro para definirme, difícil en cuanto a mi forma de ser, mi manera de pensar, soy difícil de tratar, de querer, de soportar, créeme, sé que lo soy".

—Es de Jaime Sabines.

—¿Cómo? —no entendía—. ¿Qué dices?

—La frase, lo que has escrito aquí, es del poeta Jaime Sabines.

—¡Aaah, bueno! —balbuceó—, estoy intentando ponerme a leer para complacerte —mintió, mientras interiormente pensaba que machacaría a "El rimas" por haber plagiado a un poeta conocido—. Sé que a ti te gusta que lea.

—Qué curioso que comiences por poetas mexicanos —le dijo—. Me encanta Sabines, desde luego, pero para comenzar tal vez mejor algo español. Como Alberti, Cernuda, Blas de Otero, Alexandre.

—Todo se andará, amor —como actor redomado controló los nervios—, todo se andará.

Ruth era bastante ingenua, sí, pero no tan tonta como para no darse cuenta de que Israel estaba mintiendo. Le dolió que hubiera intentado pasar como suya aquella frase. No le pareció sincero. Hacía bastante que no le parecía sincero, pero seguía pareciéndole demasiado guapo. *Quiero ser la verdad de todas sus mentiras*, se repitió.

LOIDA

Ruth desayunaba con calma. Era el momento que más disfrutaba de los sábados: tostar pan, colocar sobre él finas rebanadas de aguacate, un poco de aceite de oliva y disfrutar de un delicioso desayuno. Después se tumbaría en el sillón y vería televisión o leería hasta la hora de comer. Claro está, todo eso en pijama.

Justo cuando diluía la cucharadita de estevia (nada de azúcar, por supuesto), Israel le había dejado ese punto bien claro: "Tienes que adelgazar", decía el aviso de entrada de un WhatsApp que le hizo mirar la pantalla de su móvil.

"¿Te has enterado?", era Noe.

"¿De qué debo enterarme?", estaba acostumbrada al tono enigmático de su amiga.

"La noticia".

"Noe la misteriosa", escribió, y decidida a no entrar en el juego de los enigmas dio un generoso mordisco a la tostada y con la lengua retiró los restos de aceite de la comisura de sus labios.

Enseguida otro mensaje de Noe hizo su entrada, pero en esta ocasión lo que llegó fue un enlace que la conectaría con una noticia. Ahora sí, intrigada, pulsó sobre la fotografía que mostraba un vehículo totalmente empotrado contra un árbol, en lo que parecía ser un accidente de tráfico. Sobrecogida leyó el artículo:

No es un secreto la gran cantidad de efectos que el consumo de marihuana provoca en el organismo; los más comunes son: sensación de felicidad, euforia, coordinación más lenta entre los ojos y las manos, mareos, percepción distorsionada del tiempo y de la distancia, dificultad para razonar, confusión y lentitud para tomar decisiones. En algunos casos también puede generar ansiedad y pánico. Tras el consumo de marihuana el ritmo cardíaco se dispara un promedio del ochenta por ciento con respecto al habitual. Hoy debemos comunicar un hecho luctuoso fruto del consumo de marihuana: ella había tomado una notable cantidad. La mezcló de todas las formas posibles: inhaló, fumó e ingirió varias pastillas de cannabis deshidratado. Para complicar las cosas, regó la hierba con abundante alcohol, preparando de este modo un cóctel explosivo que hizo detonar cuando tomó el vehículo y circuló a enorme velocidad. Las huellas de frenada que aún son visibles en el asfalto permiten adivinar que la euforia la animó a pisar el acelerador todo lo que aquella recta le permitía; la dificultad para razonar le hizo imposible concebir que toda recta suele concluir en una curva y, finalmente, la distorsionada percepción del espacio la llevó a suponer que aquel árbol estaba lejos, cuando en realidad estaba frente a ella. El Seat Ibiza impactó brutalmente contra el grueso tronco del pino centenario. Los bomberos tuvieron que emplearse varias horas para, con cizallas y sierras eléctricas, extraer el cuerpo de la joven de entre el amasijo de hierros humeantes en que quedó convertido el vehículo. Solo eso pudieron extraer: su cuerpo, porque Loida Carretero Díaz ya no estaba allí. Sorprendentemente, su hermano, que viajaba con ella, solo sufrió heridas leves. Tras ser atendido en el hospital ha sido puesto a disposición judicial por la sospecha de que tenga que ver con las drogas que consumió Loida. Descanse en paz L.C. D.

Ruth quedó conmocionada. Dejó sobre el plato la tostada de pan a medio comer. ¿Era posible que la tal Loida a la que hacía referencia la noticia fuera la ex novia de Israel? Iba a preguntarlo, cuando Noe se adelantó en la respuesta: "La chica del accidente es Loida, con la que hablamos en *Las Bravas*".

Se levantó y arrastró los pies hasta el salón; allí se derrumbó sobre el sofá y, sintiendo una nausea seca, cerró lo ojos e inspiró profundamente por la nariz. Las últimas palabras que le había dirigido en el bar donde se vieron resonaban en su mente: "Por favor", le suplicó Loida, "ten cuidado con él. No dejes que te haga daño como a mí. He adelgazado diez kilos, ahora debo ir corriendo por mi siguiente dosis. No permitas que también a ti te destruya".

La náusea se incrementó y, sintiendo que una arcada le venía, corrió al baño a vomitar.

BERETTA 92

La noticia corrió de tertulia en tertulia, por emisoras de radio y se mencionó en algún periódico.

—Nos hemos pasado, tío, nos hemos pasado —Israel estaba aterrado—. No debimos venderle tanta cantidad. Nunca supo administrar el pasto, tanto tenía, tanto consumía.

—¿No debimos? ¿De qué vas, tío? Querrás decir que no debiste —"El rimas", medio tumbado en su butaca y con los pies sobre la mesa, echaba balones fuera—. Tú me compras a mí y luego lo distribuyes como te viene en gana. No es problema mío lo que ha pasado. No quieras echarme encima ese marrón.

—Tampoco es mía la culpa —Israel intentaba exculparse—. Le dije mil veces que tenía que dejarlo. Que se metía demasiada basura, pero nunca me escuchó —quería tranquilizarse, pero todo esfuerzo era en vano—. ¿Crees que van a investigar?

—¿Que si van a investigar? —"El rimas" soltó una risa siniestra—. La pasma,[1] mucho antes de esto, ya estaba mosqueada con nuestros negocios, y ahora no va a parar hasta encontrar al que le vendió la droga a esa piba.

---

1. La "pasma" es la forma despectiva como en ese ámbito se refieren a la policía.

—¿De verdad crees que nos buscarán? —le tembló la voz—. ¡Por lo visto han detenido a su hermano pensando que él era su camello!

—Eso es verdad —reconoció "El rimas"—, por cierto, no tenía ni idea de que esa chica tuviera un hermano, ¿tú lo sabías?

—Para nada, Loida no hablaba nunca de su familia.

—Pues el tipo está en la trena, pero jura y perjura que nunca le proporcionó sustancias. Cumple prisión provisional esperando el juicio, y antes de que se celebre, la poli querrá averiguar si puede haber otra fuente. Nos buscarán, Isra... y seguramente nos encontrarán —Richard retiró los pies de la mesa, se levantó con dificultad de la silla y se acercó a Israel. Los ojos de ambos quedaron a escasos centímetros de distancia; Israel percibió el fétido aliento de Ricardo—. Si llegan a preguntarte de dónde sacas la mercancía —hizo el gesto de cerrar una cremallera sobre sus labios—, quédate mudo como un muerto, ¿me entiendes? Es cuestión de que pase tiempo y a la policía le caiga otra movida que le haga olvidar esta. Paciencia, tiempo y silencio. ¿Has entendido? Si lo necesitas vete de la ciudad hasta que todo se tranquilice

—Para ti es fácil decirlo —renegó Israel—, pero, aunque me vaya lejos el cadáver me acompañará. Viviré siempre con esa muerte en mi conciencia.

—¿No quieres vivir con un cadáver en tu espalda? Eso tiene arreglo —Richard se inclinó hacia la pequeña mesa que había a su izquierda, abrió un cajón y de allí sacó una pistola Beretta 92. Israel la conocía bien, pues "El rimas" acostumbraba a presumir que se la había robado nada menos que a un Guardia Civil antes de que dejase de ser el arma reglamentaria del cuerpo, para sustituirla por la más moderna HK USP Compact. Acercó el cañón de la pistola hasta posarlo sobre la sien derecha de Israel. El arma, negra como el azabache, destelló bajo la luz de la bombilla—. Puedo ayudarte para que no vivas con esa muerte en tu conciencia: una bala en tu cabeza resolverá el problema. Un clavo saca otro clavo, una muerte saca a otra muerte —se escuchó el sonido de amartillar la pistola.

—Tronco —Israel comenzó a sudar—, deja ese juguetito donde estaba. No me gustan esas bromas.

—¿Bromas? —la sonrisa de Richard era siniestra—. Tú me subestimas, tío. Si no estás seguro de que mantendrás la boca cerrada, te juro que yo me ocuparé de cerrártela.

Su mirada aguileña se posó en él, impenetrable. Esa mirada que aterraba a todos: ojos de persona ida, de psicópata sin sentimientos. El cañón del arma seguía presionando en el lado derecho de su cabeza.

A la mente de Israel llegó el recuerdo de un episodio vivido tiempo atrás. Un trance que marcó a Israel, a la vez que le abrió los ojos acerca de quién y cómo era "El rimas". *Ocurrió que un intruso, a quien llamaban "El moro" por su procedencia del noroeste de África, se estableció en el barrio y comenzó a hacer competencia a "El rimas" en el negocio. La droga que distribuía era de peor calidad, pero mucho más barata, por lo que Richard veía descender su clientela de manera alarmante. Harto de perder dinero decidió terminar con esa competencia desleal; se hizo acompañar de Israel y otro colega, a quien apodaban "El Chispas". Apodo que se había ganado a pulso, porque cualquier tensión provocaba un cortocircuito en su mente y, sin previo aviso, se volvía loco y era capaz de cualquier cosa.*

Los tres fueron al encuentro de "El moro". Ricardo se plantó frente a su contrincante y ellos, dos pasos atrás, le cubrían las espaldas:

—Tienes tres hijos preciosos —le dijo.

—Lo son —respondió con evidente escepticismo "El moro"—. Son hermosos.

—Supongo que no quieres que alguien desfigure esas caras tan bonitas.

Guardó silencio el africano y arrugó el entrecejo con sospecha.

—Tienes cuatro días para abandonar mi territorio —y alzando la mano y poniéndola frente al rostro de "El moro", Richard agachó solo el

dedo pulgar para repetir—: cuatro días para marcharte, o atente a las consecuencias.

Al cuarto día, cuando faltaban dos horas para que el plazo venciera, se dirigieron a la casa de "El moro". Era de noche y el vehículo del africano ya estaba cargado con todos los enseres, listos para marcharse. En el interior del coche estaban su mujer y sus tres hijos. "El rimas" se adelantó tres pasos aproximándose a "El moro", y este también caminó hacia ellos. Ambos quedaron frente a frente, con menos de un metro de separación. Cuando pensaban que se tenderían la mano en un pacto de caballeros, les sobrecogió el estupor por ver al africano desabrochando la cremallera de su pantalón y, en un gesto de desafío, vaciar su vejiga delante de "El rimas", quien disimuló la sorpresa, mientras miraba sus carísimos zapatos salpicados de orín. Terminada la micción, "El moro" se dio la vuelta, caminó con calma hacia su vehículo y se marchó.

Ricardo se acercó a los demás. Estaba rojo de ira.

—No he querido que sus hijos vean sangre, pero —miró con ojos desorbitados a "El Chispas"—. ¡Mátalo! Quiero que esté muerto antes de una semana. ¡Mátalo!

—Me sobrarán tres días, jefe.

Cinco días después, "El moro" apareció en un descampado, desnudo y con las manos atadas a la espalda. Su miembro estaba amputado y él yacía en un pequeño océano de cinco litros de sangre.

Israel volaba en el recuerdo, cuando la voz de "El rimas" lo hizo regresar. Todavía lo encañonaba.

—¿Me juras que sabrás estar callado?

—Tranquilo, tío —más le valía tranquilizarlo—, puedes confiar en mi silencio. Seré una tumba.

De nuevo "El rimas" volvió a ser el de siempre, como si nada de lo que acababa de ocurrir hubiera pasado. Desactivó la Beretta, la guardó en el cajón y dejó caer su inmensa humanidad sobre la sufrida silla.

—Intenta sacar lo positivo —le sugirió a Israel, riéndose—, al menos esa piba dejará de agobiarte con eso de que sigue colada por ti. Ahora tienes vía libre con la nueva.

Con Ruth, Israel adoptó su papel predilecto: el de víctima. Lloró desconsolado la muerte de Loida, y ella, enamorada, se empeñó en ver una sinceridad que no había, y vio, además, aunque con el corazón roto, que el terrible final de aquella chica podía suponer el cierre de una oscura etapa en la vida de su novio.

Habían pasado cinco días desde el terrible suceso. Israel no quiso ir al entierro, pero necesitaba visitar la tumba.

—Creo que si la veo bajo tierra lograré finiquitar este episodio— le dijo a Ruth, que accedió a acompañarlo.

El cementerio era pequeño y coqueto, discreto y tenía casi un atisbo de poesía, si es que la muerte puede tener algo de poético. Los cuerpos estaban cubiertos por cuidadas lápidas de las que, en su mayoría, se alzaba una cruz. Innumerables cipreses arrojaban largas sombras, como dedos índices, sobre el lugar.

Ruth e Israel no tuvieron que caminar demasiado desde el lugar en el que habían dejado el Mini Cooper, junto a la capilla de piedras negras semicubierta por la hiedra. La tumba se hallaba a unos cincuenta pasos del acceso. Una tumba cubierta de flores que aún se conservaban frescas. Un monolito de mármol lo decía todo:

"Loida Carretero Díaz"

Nada más. Salvo la fecha de su nacimiento y la de su muerte.

Su reciente muerte.

En la parte alta del monolito había una fotografía de ella. Estaba sonriente. Era de tiempo atrás; antes de conocer a Israel. Todavía era guapa. Todavía estaba bien. Todavía sonreía.

Israel la contempló en silencio durante varios segundos. Después, se sujetó del brazo de Ruth. Pareció buscar un punto firme de apoyo en aquella tierra inestable en que se había convertido su vida.

—¿Qué hacemos aquí? —quiso saber Ruth.

—Pensé que tal vez...

—¿Que te sentirías mejor despidiéndote de ella aquí?

—Sí, pero no funciona. No logro sentirme mejor, creo que siempre cargaré con... —se detuvo justo a tiempo. Había estado a punto de revelarle a Ruth que él le había vendido la droga que condujo a Loida a la muerte.

—¿De qué sientes culpa? —le dijo—. ¡No eres culpable de nada! —pasó el brazo por la espalda de Israel y lo atrajo hacia sí—. Pero te entiendo, la culpa no conoce de detalles. Se instala en la cabeza y amarga la vida.

Israel sentía la necesidad de confesar y vaciarse de una vez, pero recordó la Beretta de Richard apoyada en su sien y se mordió la lengua. Por supuesto que no diría nada.

Ruth se puso frente a él, tapando con su cuerpo la visión de la tumba. Intentando apartar a Israel de aquella imagen de muerte.

—¿Por qué no intentamos comenzar de cero? —le dijo, retirando con su dedo las lágrimas que brotaban de los ojos del chico—. Podemos olvidar todo lo anterior, mirar al futuro, a nuestro futuro, aprender de los errores y crear una nueva historia.

—¿Crees que no quiero? —gimió, interpretando a la perfección su papel de plañidero—. ¡Claro que quiero! Pero eso, ¿cómo se hace?

—Llevamos juntos más de dos años —le recordó—. Yo te amo, tú me amas. Casémonos —dijo Ruth—. Creo que cuando tengamos nuestro hogar encontraremos estabilidad.

—¿Casarnos? —preguntó sorprendido—. Para eso hace falta dinero.

A Ruth le dolió que pensase que todo lo que hacía falta para casarse era dinero. Como si el matrimonio fuera una empresa que requiriese de un capital social para ser constituida.

—Llevo algo más de un año ahorrando —le reveló, aunque ocultaba su decepción—, tengo suficiente para que podamos comenzar nuestra vida juntos.

—¿Cuánto has ahorrado? —su gesto cambió, y había excitación en la pregunta. La codicia empapaba cada palabra de su interrogante.

—Unos quince mil euros —descubrió—. No es una fortuna, pero eso nos dará la oportunidad de comenzar. Yo tengo un trabajo y estoy segura de que tú también lo encontrarás.

—¿Quince mil euros? —por fin una buena noticia en el desierto de un día espantoso. Su expresión cobró vida y sus ojos se iluminaron. Ruth solo vio la luz azul que desprendían aquellos ojos, pero no la avaricia que actuaba de combustible. Israel echó a andar sin soltarse del brazo de la chica—. Volvamos al coche, no me gusta este lugar. Siento haberte hecho venir aquí.

Abrió la puerta del automóvil para que Ruth entrase. Luego, galantemente la cerró, y no dejó de sonreír con una perversa astucia hasta que dio la vuelta al coche y ocupó su lugar frente al volante.

Era tan fácil detectar en él la falta de sentimientos humanos y el exceso de codicia y egoísmo. Pero el amor es ciego, y nubla la razón y adormece la intuición. Y ella estaba enamorada: ciega y locamente enamorada.

Planearon la boda, y en ese tiempo Israel parecía más centrado y sereno. Aquel severo golpe de la muerte de Loida pareció transformarlo definitivamente.

BODA

Y llegó el verano que Ruth tanto deseaba. En el mes de junio el cielo se volvió de un azul obcecado, inclemente y violento. Cada noche las cigarras dejaban su lugar a los grillos. En ese tiempo, Ruth disfrutaba paseando por el campo mientras huía de la presión inherente a la preparación de un casamiento. Le encantaba sentarse bajo un árbol. *¿Quién dijo que las cigarras son ociosas?*, pensaba. *¿No es trabajo cantar?*

Aquella mañana —¡la mañana! —. Ruth se asomó temprano a la terraza; era el momento en que mejor se podía respirar. La jornada amaneció con una temperatura impecable. Parecía que el calor daría una tregua. Soplaba una refrescante brisa que poco a poco fue tornándose en viento que trajo y llevó un rebaño de nubes. El cielo se hizo comprensivo, comprensible y casi desmayado. Ruth inspiró profundamente e inspiró, aliviada ante la perspectiva de un día casi fresco. No quería que el día de su boda fuera excesivamente caluroso. La recepción posterior a la ceremonia iba a celebrarse al aire libre, y no había demasiados árboles, por lo que el sol justiciero que había impuesto su tiranía en las últimas jornadas habría sido un gran problema.

Si hubiera que definir con una palabra lo que fue esa fecha, sin duda sería felicidad. Ese podría ser el sustantivo que mejor definiera la sensación predominante durante todo aquel día. La ceremonia discurrió con un ambiente emotivo y de gran profundidad. Hubo palabras, sensaciones y emociones que encharcaron los ojos de todos los presentes. En una canción, alguien suplicó a Israel que la cuidara, que no le hiciese daño. Los ojos de Israel también estaban inundados. Prevaleció, incluso, una atmósfera espiritual muy evidente, casi tangible. Como si Dios estuviera poniendo su huella en aquel momento sagrado. ¿O sería más bien que estaba brindándonos las dosis de paz que tanta falta nos iban a hacer para los próximos meses?

Concluida la ceremonia, y en un momento de la recepción, Judith abrazó a su hermana. Mantuvo el abrazo durante casi un minuto y lloró largamente. Se separó, pero solo un poco, lo suficiente para mirarla a los ojos y decirle con genuino amor: "La persona correcta para ti también hará que te enamores de ti... y que te enamores de Dios", y volvió a abrazar a Ruth.

Ruth no lo supo entonces, pero aquellas lágrimas eran un compuesto de dos sensaciones predominantes: emoción y preocupación.

ISAAC

Isaac tenía los ojos muy abiertos. La miraba. Pese a tener tan solo un mes y quince días de edad, la miraba fijamente. Quieto. Serio. Era guapo por ser primavera de la vida; cuando la vida florece todo es pureza y belleza. Ruth se preguntó qué estaría viendo en realidad, y si ya sería capaz de reconocerla. Un mes y medio no era nada. O sí. Para ella había supuesto una vida. Seis semanas de angustia y tortura, evitando discusiones para que el bebé no sufriera... o sufriera lo mínimo posible. El milagro estaba allí, frente a ella, pero todavía le costaba asimilarlo.

—Isaac... —el niño recibió el suspiro como si le acariciara el rostro. De hecho, fue una caricia. Abrió un poco más los ojos—. Hola, Isaac. Soy tu madre, mi amor.

Acabó de decirlo y sintió una profunda emoción, una enorme densidad que pareció llenarle el pecho hasta desbordarle. De pronto, las palabras fluyeron.

—Eres mi vida, ¿sabes? Mi motor y lo que me hace abrir los ojos cada mañana. Me encantaría hacer cuchufletas, y poner voz de payasito, y hacerte cosquillas. Me encantaría, pero es que no tengo muchas fuerzas. Si no fuera por ti. Lo siento, cariño, serás el heredero de las infinitas complicaciones de tu mamá. Porque creo que me he equivocado en algunas cosas. Y vamos a tener complicaciones. Pero, te amo muchísimo, ¿sabes? Y juntos saldremos adelante.

Las primeras semanas del matrimonio parecieron confirmar el cambio en Israel, pero el anuncio del embarazo fue un golpe demoledor en la serenidad. De nuevo quedó en evidencia la mínima capacidad de resistencia a la frustración que había en él. No esperaba ser padre tan pronto; ni se sentía preparado ni tenía ganas de sentirse capaz de ejercer la paternidad. Allí recomenzó el desierto para Ruth. A sus cambios hormonales propios de un embarazo, se sumó el evidente y creciente menosprecio de Israel. En vez de apreciar las curvas de la maternidad incipiente, él se empeñaba en verla horrible y no escatimaba en decírselo.

Cada vez era más fuerte la sensación de que no valoraba lo que tenía en casa y buscaba fuera otra fuente de aprovisionamiento para sus necesidades de todo tipo. Cada vez era más clara la percepción de que Israel no era fiel.

Tan absorta estaba Ruth en el recuerdo que no fue consciente de la lágrima que, sin previo aviso, asomó en el balcón de su párpado derecho y rodó veloz hasta precipitarse sobre la frente de Isaac. Como si el pequeño hubiera captado el estado de ánimo de su madre y se hubiese contagiado, los oscuros ojitos del niño se convirtieron en dos lagos desbordados, dos torrentes libres que resbalaron por las mejillas hasta el vacío abierto bajo la barbilla. Guardó un instante de silencio para tomar aire e hizo dos, tres sonoros pucheros antes de romper de nuevo en agudo llanto.

Fue solo el principio; desde aquel día el bebé lloraba apenas despertaba.

Josué iba en las mañanas a pasar un rato con su hija Ruth. Quería acompañarla, sospechando la espantosa soledad en que vivía, aunque se negara a reconocerlo. Sus ojos gritaban auxilio, aunque su boca fabricase excusas con los que tapar a su ofensor. Ella no quería delatar el infierno en que vivía, porque seguía amando a Israel y anhelaba rehacer lo que llevaba tiempo roto. En esas visitas padre e hija salían a pasear y entonces el pequeñín dormía plácidamente en el paseo; era asombrosa la manera en que rompía a llorar en cuanto se aproximaban a la puerta de la casa, como si detectase que entraban en terreno hostil donde la paz no existía.

Ese día, Josué llegó derrotado emocionalmente de la visita a su hija. Mia se le acercó por detrás y lo abrazó. Apoyó la cabeza en su espalda, y eso le infundió un calor cargado de sensaciones. Pero no se movió. Agradeció el gesto y se quedó quieto.

—¡Bum, bum, bum! —dijo ella.

—¿Nos bombardean? —preguntó Josué.

—Es tu corazón —y repitió—. ¡Bum, bum, bum!

Subió las manos y las entrelazó con las de Mia, sobre el pecho. Permanecieron así durante un largo instante. Quizás un minuto o más. Hasta que ella, sin dejar el abrazo, lo rodeó poniéndose delante. Lo miró desde esa breve distancia.

—Cariño, ¿estás bien?

—Sí —aventuró él.

—Llevas veinte minutos mirando por la ventana.

Sorprendido y algo más, replicó.

—Ni cuenta me había dado de que pasó tanto tiempo.

—¿Qué miras?

—La casa de Ruth —fue sincero—. Sé que desde aquí no se ve, pero me parece estar mirándola.

—Has estado toda la mañana con ella —fingió tono de reproche—, y ahora sigues allí. Conseguirás que me ponga celosa.

—No estoy allí; estoy aquí, contigo.

—No. Ahora estás también allí, con esto —se separó un poco de él para ponerle un dedo en la frente—. Estás preocupado.

—Es cierto, estoy muy preocupado —confesó—. Si hubieras visto su mirada tan vacía; tan triste, nunca la he visto tan triste. Y lo peor es que cuando le pregunto me dice que está bien, que no le pasa nada —calló un momento, como recordando, entonces dijo—: Abrí el frigorífico para servirme agua fresca, y vi que solo tenía vegetales.

—¿Quieres decir que pueden estar mal económicamente, que no tienen para comprar carne?

—No, no es eso. Tenían la nevera llena de comida, pero en su mayoría eran vegetales, arroz hervido, atún.

—Eso es saludable —Mia quiso suavizar el tema.

—¡Brócoli! —recordó Josué—, ¡había un enorme recipiente lleno de brócoli hervido!

—Pero ella siempre odió el brócoli.

—Lo sé, y eso es lo que me preocupa. Brócoli y atún, eso es lo que come.

—¿Le preguntaste?

—Sí, y me dijo que está queriendo adelgazar. Lo peor... —se detuvo un momento para buscar las palabras adecuadas—, lo peor es que cada vez tengo más claro que Israel no le está siendo leal a Ruth.

—¿Hablas de que le está siendo infiel?

Solo asintió.

—Yo también tengo esa sospecha —reconoció Mia—, la tengo hace tiempo.

—Lo malo es que de la suposición a la demostración hay mucho trecho.

—Efectivamente, eso es lo malo —admitió Mia—, no hay pruebas que demuestren nuestro temor.

—Por ahora... por ahora no las hay.

ROTA

Hay tormentas que nos pillan sin paraguas, o tal vez lo tenemos, pero la tempestad es de tal calibre que nos lo arranca. Eso fue lo que les ocurrió esa noche: la borrasca llegó sin previo aviso, y fue de tal calibre que arrebató todas las defensas y les caló el alma.

—¡Por favor, venid a buscarme! —fue todo lo que dijo.

Josué retiró un instante el teléfono de su oído para ver la hora. La pantalla delató que eran las cinco de la madrugada. "Es la hora de los comunicados nefastos, nunca el teléfono transmite buenas noticias a estas horas", murmuró, aproximando de nuevo el móvil a su oído. Tampoco la voz que le hablaba, impregnada en llanto, era un buen augurio; pero no quiso dar más detalles.

—¿Qué te ocurre? —inquirió varias veces—. ¿Estás bien?

No respondía, solo insistía cada vez con más fuerza.

—¡Venid a buscarme, por favor! —no eran gritos lo que profería, sonaba más al quejido de un alma hecha cenizas.

Retiró el visillo y se asomó a la ventana. La luna, bien alta, estaba envuelta en un halo brumoso, como una aureola de escarcha. Se vistió rápidamente y con un miedo que por momentos rozaba el pánico, subió a su automóvil y condujo hacia su domicilio. Temblaba. No saber lo que iba a encontrarse le infundía auténtico terror. La madrugada deja limpias de tráfico las carreteras, por lo que pudo forzar al máximo el motor del vehículo.

Al acercarse a la última rotonda donde giraría a la derecha, la vio. Estaba justo en el punto que le había indicado. Al principio solo pudo intuir que era ella, pues estaba agachada, en cuclillas, muy pegada a la pared, como intentando reducirse a la mínima expresión para pasar desapercibida; tenía los brazos cruzados, pegados a su pecho y el rostro orientado hacia el suelo. El cabello oscuro, casi negro, cayendo por delante ocultaba sus facciones. Una imagen que inspiraba compasión y pavor a partes iguales.

Al aproximarse, observó que temblaba, como tiemblan las hojas de un árbol bajo el embate del viento; frágil y quebradiza como ellas en otoño. Y lloraba. Sobre todo eso: lloraba a mares. Fue al agacharse a su lado cuando vio que, bajo sus brazos, o entre ellos, sostenía a su bebé. Su pequeñín de tres meses. Aun sin incorporarse la abrazó, y entonces sí, el llanto de ella se convirtió en un gemido convulso. Dejó fluir su dolor, como quien abre una compuerta. Más que temblar, ahora convulsionaba. Mil imágenes pasaron por la mente de Josué: parecía que solo habían pasado horas desde que esa niña se sentaba sobre sus rodillas y le pedía que le contase cuentos, o se negaba a salir a pasear si no la llevaba en sus brazos. Ya no era una niña, ni estaba escuchando un cuento, sino viviendo una horrible pesadilla.

El brazo izquierdo de Josué la arropaba y con la mano derecha sostuvo al bebé para evitar que cayera al suelo; también el pequeño se sumó al desgarrador lamento.

Lo que ese día descendió del vehículo al regresar al hogar paterno fue un despojo humano. Una mujer venida a menos, totalmente convencida de que no podía, no valía y no servía, para nada ni para nadie.

Ese fue el día en que su hija murió. Pero se negaron a oficiar el entierro, porque creían en la resurrección.

Al principio fue a su cuarto —aún Ruth no lo sabía, y sus padres tampoco, pero esa sería su habitación por los próximos años—, no soltaba al pequeñín ni siquiera unos segundos.

—No me hagáis hablar ahora —suplicó—. Necesito descansar —miró al bebé que dormía en sus brazos—. Necesitamos descansar.

—Intenta dormir —dijo Mia, y la abrazó de nuevo, estremecida ante el gesto de agotamiento que lucía en el rostro de Ruth—. Descansa; no te preocupes por nada, y si necesitas algo, aquí estaremos. Descansa, cariño.

—¿Quieres que nos quedemos con Isaac? —preguntó Josué—. De ese modo podrás dormir más tranquila.

Negó con la cabeza, apretando al pequeñín en su seno, como quien se aferra a un salvavidas. Les dio las gracias con la mirada.

Su marido la había sustituido por otra mujer más joven. Muchos años más joven. La sustituyó por una niña. La traición duele siempre, pero cuando llega del ser que ha sido el centro de tu vida, no lastima, sino que destruye. No era perjudicada como se sentía, sino deshecha. Lo que había sufrido era más que un arañazo: fue un desgarrón en su alma.

Cuatro horas después, la puerta del cuarto se abrió, y salió ella sola, el pequeñín aún dormía. Se acercó a sus padres, temblorosa. No dijo nada al principio. Estaba sencillamente allí, de pie, con un papel doblado entre las manos. No le resultaba fácil hablar, pero supo que debía hacerlo.

—Es el recibo del hotel. La prueba de que estuvo durmiendo con ella en un hotel. Lo descubrí y él lo admitió todo.

—¿Nunca sospechaste que te era infiel? —preguntó Mia.

—Desde la semana siguiente a que nos casáramos —reconoció—, y nunca he dejado de sospecharlo. ¿Por qué creéis que tuve amenaza de aborto? ¿Por qué pensáis que se me retiró la leche a los quince días de dar a luz?

—Has vivido una tensión intolerable —le dijo Josué—. ¿Por qué lo has llevado tú sola? ¿Por qué no nos lo dijiste? Al menos a tu hermana. ¿Por qué no se lo dijiste a ella? Siempre estuvisteis muy unidas.

—Porque lo amo… —guardó un instante de silencio antes de corregir—, lo amaba, y le daba el beneficio de la duda. Hasta que apareció esta prueba —arrugó con rabia el papel entre sus dedos—. Cuando se lo enseñé lo confesó todo.

Necesitaba ventilar su alma, desabrocharse el corazón y vaciarlo de tanta toxicidad acumulada. Lo más impresionante era su mirada. Siempre tuvo una mirada profunda, como dos lagos oscuros, apacibles y misteriosos; ahora parecían dos pozos, profundos, pero vacíos. Estremecedoramente vacíos.

Se dice, con excesiva superficialidad, que la juventud lleva en sí la alegría. Quizá porque se piensa en la euforia que una salud perfecta produce, o el natural optimismo de quien tiene toda la vida por delante, y es capaz de comerse el mundo, pero hay veces en que todos sentimos, el joven también, que el mundo se lo come a él. Así se sentía Ruth: el mundo la devoraba con crueles dentelladas.

—Yo misma había llegado a convencerme de que mi matrimonio era aceptable —seguía ventilando su alma en una cascada de confesiones—. No era un matrimonio perfecto, pero al menos era aceptable. Cuando me casé me asaltaban dudas y temores, pero al ver que esas sospechas me torturaban, dejé de planteármelas, como si así fueran a resolverse, pero no se resolvieron.

—La verdad es lo que es, y sigue siendo verdad, aunque se piense al revés —Josué citó a Machado, conociendo el amor de su hija por la literatura y su predilección por el poeta sevillano.

—Sí, pero en aquel caso no era todavía una verdad, sino una sospecha —matizó—. Recuerdo que siempre me decíais que todos tenemos defectos, y que en las relaciones humanas debemos enfocarnos en los puntos fuertes del otro y no en sus debilidades. ¿Recuerdas que decíais eso?

—La desgracia se agranda si te obcecas en lo malo —Mia fue literal citando el consejo que mucho tiempo atrás le habían dado—. Es cierto que no debemos desechar a alguien porque no nos da aquello que esperábamos; si un huerto no da lechugas, no se deja yermo, se intenta otro cultivo. Pero no era ese tu caso, hija. No se trata de que él no te diera lo que esperabas, sino que estaba dándote lo que no merecías. Estaba dañándote al punto de destruirte. Si un huerto no te da lechugas, pero te da siempre fruta envenenada, es mejor alejarse del huerto.

—Es cierto —aceptó, con su mirada fija en la puntera de sus zapatos; y sobre ellos cayó una lágrima que reverberó bajo el toque de la luz—. Ahora lo veo claro, pero no podía tomar una decisión definitiva sin antes agotar todas las vías de posible solución.

—Has sido muy valiente, hija —ambos la abrazaron—, y muy leal e íntegra.

La escuchaban cada día, siempre expectantes y casi siempre sobrecogidos. Cada nuevo descubrimiento provocaba un escalofrío en los padres. Tenían mil preguntas para hacerle, pero sabían que no era el momento de interrogar, sino de escuchar e intentar comprender. Cada emoción que liberaba surgía de su boca en forma de frases que parecían abrir sus venas.

—Hice todo lo él quería... le daba lo que pedía, pero nunca estaba satisfecho y ahora tengo la sensación de que jamás podré complacer a nadie —inspiró profundamente, como si esas confesiones requiriesen de toda su reserva de oxígeno—. Me decía que estaba gorda y yo dejaba de comer. Insistía en que estaba estropeada y yo intentaba maquillarme. Me decía... me decía tantas cosas, palabras como cuchillos que me herían el corazón y abrían una brecha aquí adentro

—se puso la mano sobre el pecho. Luego miró al cuarto donde el bebé dormía—. A veces tengo la sensación de que no valgo para nada. ¿Podré ser la madre que él necesita? He perdido a mi marido. He perdido al padre de mi hijo.

—No has perdido a nadie —aseguró Mia—. Perder a quien jamás te quiso no es perder.

La envolvieron en sus brazos. No tenían respuestas para sus preguntas, pero no eran respuestas lo que ella necesitaba, sino comprensión y saberse amada. Abrazándola, intentaban arropar su alma desvalida e indefensa que temblaba ante un futuro tan incierto. Toda la estructura de su vida había sido dinamitada y se sentía a la intemperie. Un vértigo atroz la mareaba. Solo tenía ganas de llorar, y era eso lo que hacía: lloraba y lloraba.

—En la vida he sufrido heridas que dejaron cicatrices —se palpó la cara con ambas manos—. ¿Recordáis aquel día cuando, saltando sobre la cama, caí sobre el borde de la mesita de noche? —con su dedo índice señaló a la casi imperceptible cicatriz de su pómulo izquierdo—, ¿o cuando estábamos en la piscina y resbalé y me hice una herida aquí? —ahora la cuidada uña de su dedo se posó en la parte baja de su barbilla—. Quedaron cicatrices; dolieron, pero sanaron. Lo peor es que la herida de ahora no la veo, duele mucho, pero no la veo y no sé cómo se cura.

La escuchaban atentos, en un silencio cómplice y cargado de amor.

—¿Recuerdas —intervino Josué— que cuando caíste sobre la esquina de la mesita de noche te tomé en mis brazos y, mientras con una toalla presionaba tu pómulo para cerrar la herida, te aseguraba que todo iría bien? ¿Recuerdas cómo luego mamá hizo lo mismo mientras te llevábamos al hospital para que te curasen? ¿Recuerdas, en tu caída en la piscina, cómo ella —señaló a su mujer— te levantó del suelo y luego los dos sosteníamos tus manitas mientras suturaban tu herida?

—Sí —asentía con su cabeza mientras rememoraba aquellos instantes—. Lo recuerdo, y cuando el médico iba a coser la herida de mi barbilla me decíais que una mosquita iba a picarme, pero que no me preocupase, que no sería nada.

—Pues ahora queremos hacer lo mismo —casi lo suplicó su madre—. Déjanos levantarte del suelo, déjanos abrazarte mientras vamos al Médico —señaló con su dedo índice hacia arriba—, déjanos sostener tus manos mientras el Cirujano Divino cierra la brecha.

—Pero duele mucho, y no sé dónde está la cicatriz.

—Nosotros tampoco, hija —reconocieron—, pero Él sí lo sabe. Conoce perfectamente dónde está el daño, y sabe también cómo curarlo.

Casi a diario decía estar muerta; pero lloraba al escuchar la Palabra predicada en la iglesia y se conmovía al ver la sonrisa de su pequeñín. Ella no estaba muerta, sino infinitamente rota.

NUEVO ACOSO

En las semanas siguientes, fueron abordando otros temas de índole práctica, y cada descubrimiento implicaba una nueva sacudida a la estabilidad de su vida.

—Debo deciros que durante este año contrajimos algunas deudas —les dijo un día.

—Pero cuando te casaste llevabas dinero ahorrado —le recordó Josué.

—Es verdad —reconoció—. Y yo intentaba administrarlo, pero cada semana él tenía un nuevo capricho. Yo no quería malgastar; intentaba hacerle entender que era necesario ahorrar, pero llegaba a ser tan intenso que solo me quedaban dos alternativas: pasar la vida enfadados o ceder.

—¿Cuánto dinero llevabas al casarte? —no lo recordaban exactamente

—Unos quince mil euros —cerró los ojos como si hubiera recibido un impacto—. Pero todo se gastó. En algo más de un año de matrimonio se gastó todo.

—¿Entonces ahora no tienes nada? —preguntó Mia.

—Debemos otros quince mil al banco —su mirada estaba fija en algún punto cercano a sus zapatos.

—¿Para qué pedisteis ese dinero? —quiso saber su madre.

—Se empeñó en pedirlo. Yo no quería, pero se empeñó. Dijo que era para adquirir un coche que necesitaba para trabajar —movía la cabeza de lado a lado—. Me aseguró que era una increíble oferta, me insistió mañana, tarde y noche hasta que logró que firmase junto a él aquella solicitud de préstamo.

—¿Para qué dices que era ese préstamo?

—Para comprar un coche.

—¿Dónde está ese coche? —inquirió su padre.

—Nunca llegó —admitió Ruth, al borde de las lágrimas—. El dinero desapareció, pero el coche nunca llegó. Tengo mis dudas de si en realidad era para un vehículo o para cualquier otra cosa.

Josué y Mia se dieron cuenta de que era inútil reprochar la ingenuidad y cebarse en la crítica. Las posibilidades del uso que Israel dio a aquel dinero eran infinitas, y algunas muy preocupantes. No era tiempo de dañar más el ánimo de Ruth, que ya estaba desecho. ¿Quién puede enmendar los errores que el pasado ha convertido en piedra?

—¿Cuánto debéis en este momento al banco? —preguntó su padre—. Me refiero a la cantidad que queda pendiente después de lo que hayáis amortizado.

—Debemos todo lo que pedimos —posó la mirada en el suelo—, más los intereses que se han ido acumulando.

Su madre se arrodilló ante ella y, sosteniéndole la mirada, le habló con esa voz leve de las promesas y confidencias.

—Tranquila, hija, todo se arreglará. El dinero es solo eso: dinero. Lo importante es que estás aquí, y este tesorito —abrazó a Isaac—, también está. Eso es lo importante.

—Es totalmente cierto —admitió Josué—. Ahora ve a descansar, ya es tarde. Verás que después de dormir todo se ve mejor.

Y estaba a punto de quedarse dormida cuando su teléfono sonó haciéndola saltar sobre la cama. De nuevo había olvidado desactivarlo al irse a dormir; la terrible obligación que le impuso Israel se había convertido para ella en costumbre.

Eran ellos de nuevo: los gestores de recobros que llamaban en nombre del banco; la perseguían a todas horas, día y noche. Israel cambiaba de número de teléfono cada poco tiempo, de ese modo evitaba la persecución, pero provocaba que la cacería se centrase en Ruth. La acosaban a causa de los conflictos financieros en los que él incurrió y que ella, incapaz de resistir por más tiempo su manipulación, accedió a firmar.

—Cómo me gustaría volver a ser niña —exclamó aquella mañana mientras miraba, inapetente, las galletas junto a la taza de café—, las rodillas raspadas se curan mucho más rápido que los corazones rotos.

ELI

—¡Hola! Soy la doctora Elisabeth Vega, pero, por favor, llámame Eli —irrumpió precedida de su sonrisa y habló como si la paciente que aguardaba en el gabinete fuera amiga de toda la vida—. Me alegra mucho que hayas accedido a venir, aunque, por supuesto, no me alegra la razón que te hace buscar mi ayuda.

Ruth se había resistido con todas sus fuerzas a buscar apoyo psicológico. Siempre pensó que a esos médicos solo acudían los locos y ella no lo estaba. Fue a la consulta sobre todo por él, por su pequeñín. Habían pasado seis meses desde la separación y no quería que el bebé creciese viéndola llorar, sino reír, lo malo es que no sabía dónde encontrar la risa. Le dijeron que la doctora Vega le ayudaría a localizar la fuente.

La primera impresión fue buena. La sonrisa de la psicóloga iluminaba su rostro ovalado y finamente delineado. Le llamó la atención la juventud que aparentaba: o era más joven que ella o se conservaba muy bien. El cabello rubio lucía ordenado, pero era obvio que no había gastado excesivo tiempo en peinarse. No llevaba maquillaje, excepto una capa labial de tono rosa pálido. Las gafas de montura azul resaltaban ese mismo color en sus ojos. Pero sobre todo la sonrisa, eso llamó su atención: una sonrisa confiada y confiable. Ruth, desde el primer momento no se mostró terca, ni reacia, ni siquiera distante;

casi sintió que estaba hablando con Noe o con Paula, sus amigas. A ello contribuyó, en buena medida, la forma cordial en que la doctora decidió abordar la terapia.

—No deseo que me veas como tu doctora, sino que lleguemos a ser amigas. Hablaremos de lo que necesites y desees. Cuando lo necesites y cuando desees.

—¿Podré elegir el tema de conversación?

—Por supuesto, lo que te haga bien decirme me lo dirás, e irás viendo que cada vez te resultará más fácil hablar de todos los temas —guardó un instante de silencio, al cabo del cuál añadió—. Claro que también me gustará hacerte algunas preguntas.

—¿Estoy obligada a contestar?

—No lo estás —incrementó esa sonrisa que infundía confianza y algo cercano a la paz—. Pero verás como poco a poco irás sintiéndote más preparada para abordar todos los temas que te inquietan.

—Poco a poco... eso suena a mucho tiempo. Doctora, ¿sabe cuánto tardaré en estar bien?

—¡Ujummm! —adoptó un fingido gesto de severidad—. ¿Vas a tratarme de usted? Mal comienzo.

—Perdón —por fin había conseguido sonreír, aunque fue más un esbozo que una radiante sonrisa—. Eli, ¿sabes cuánto tardaré en estar bien?

—No lo sé —reconoció—, pero lo que puedo asegurarte es que sanarás. De eso no tengo la más mínima duda.

—¿Dónde tengo la herida? Me duele mucho, pero no sé dónde está la herida.

—Se llama amor. Yo suelo definirlo como "amor detonado".

Ruth chasqueó la lengua contra el paladar en un gesto de fastidio.

—Deja que te lo ilustre con una metáfora —abrió un cajón y de allí extrajo una bala de revólver. Al ver el gesto de sorpresa en Ruth, sonrió—. Tranquila, no tengo armas y esta munición está vacía. ¿Oíste hablar de los proyectiles fragmentables? —Ruth negó con la cabeza y la doctora, sosteniendo el pequeño proyectil con sus dedos índice y pulgar, explicó—: la bala, cilíndrica y puntiaguda ingresa en el cuerpo de la víctima de manera casi imperceptible. Al viajar a una velocidad de más de seiscientos metros por segundo, atraviesa la piel, la mucosa y la carne de manera tan limpia que el anfitrión no lo nota, pero cuando la munición encuentra elementos más duros, como músculos, cartílagos o huesos, entonces explota, los fragmentos se dispersan destruyendo tejidos, estructuras óseas y órganos vitales.

—¿Tiene eso algo que ver conmigo? —miraba con fascinación la bala, pero no entendía la relación que pudiera tener con ella.

—El amor es, en alguna medida, similar a eso. Ingresa de manera imperceptible, y, lo peor, placentera, pues se trata de una de las sensaciones más extraordinarias que puede experimentar el ser humano, pero también de las más peligrosas. Cuando por alguna razón el amor se destruye, destroza las áreas más sensibles. Como penetró a nuestro ser, y lo albergamos bien adentro, la onda expansiva devasta nuestro interior. Además, es una droga terriblemente adictiva, por lo que el síndrome de abstinencia resulta demoledor. Todas las sustancias químicas que se volcaron al organismo, ahora provocan un "mono" irresistible. La cascada química puede hacernos perder la razón.

—He leído mucho a Ernest Hemingway —repuso Ruth—, él decía que lo más doloroso es perderte a ti mismo en el proceso de amar demasiado a alguien, y olvidar que tú también eres especial. Pero ¿por qué ocurre esto?

—¿A qué te refieres? —inquirió Eli.

—¿Por qué llegamos a estar tan enganchados a una persona que casi nos olvidamos de nosotros mismos?

—Para responder a tu pregunta no me queda más remedio que rebuscar en los entresijos de la ciencia. Si ves que me pongo insoportablemente intelectual y no hay quien me entienda —sonrió, como casi siempre—, me haces callar y me obligas a que cambie de lenguaje, ¿de acuerdo? —solo cuando Ruth asintió con la cabeza, la doctora retomó su discurso—. Neurólogos expertos como Gareth Leng creen que la oxitocina, que es la hormona que se segrega en el enamoramiento, ayuda a forjar lazos permanentes entre amantes tras la primera oleada de emoción. La hormona actúa "cambiando las conexiones" de los miles de millones de circuitos neuronales. Esta hormona es conocida como el neurotransmisor de la confianza o de los abrazos, y se libera cuando te toman la mano o cuando los animales lamen a sus bebés. La segregación de esa sustancia se multiplica durante el orgasmo, de ahí la enorme vinculación entre dos personas cuando han llegado a intimar sexualmente. La oxitocina es una sustancia endógena, es decir, segregada por el cuerpo, y actúa como una sustancia exógena, introducida en el cuerpo desde el exterior, liberando transmisores como la dopamina, la noradrenalina o la serotonina, todas ellas son hormonas que producen serenidad y alegría... —se detuvo un momento e inquirió con gesto preocupado—, ¿me estás siguiendo? Temo que me he subido a los cerros más altos de la psicología. Por favor, si no entiendes algo, dímelo y te lo explico.

—Creo que sí logro comprenderte —la tranquilizó—. Siempre me interesó la psicología y en mi carrera lo tuve como asignatura.

—¡Genial, entonces casi somos colegas! —replicó Eli con entusiasmo—. Si es así, continúo. Estos neurotransmisores permiten inundar el cerebro de feniletilamina, este compuesto químico es de la familia de las anfetaminas, y tiene una duración en el cerebro de unos cuatro años según la teoría de Donald F. Klein y Michael Lebowitz surgida en la década de los ochenta. En el desamor, igual que cuando una persona es adicta a la droga, las consecuencias de la adicción son tan fuertes que pueden desembocar en graves conductas depresivas y obsesivas.

—¡¿Cuatro años?! —Ruth casi lo gritó—. ¿Voy a estar ligada emocionalmente cuatro años?

—No necesariamente —sonrió la doctora—. Simplemente necesitarás sustitutos que te provoquen esa misma sensación.

—¿Te refieres a otro chico de quien enamorarme?

Eli liberó una carcajada.

—Tampoco necesariamente, aunque si aparece, te recomiendo que no te resistas. Pero creo que tardará en llegar; de hecho, no es conveniente que aparezca demasiado pronto. Tu interior ha sido sacudido por un seísmo que tendrá todavía incontables réplicas, por lo que por ahora tu alma no es terreno seguro para edificar una nueva relación. ¿Te imaginas comenzar a reedificar una ciudad que hace dos días fue sacudida por un gran terremoto?

—Sería absurdo hacerlo, porque es muy posible que la tierra siga temblando durante unas semanas.

—¡Exacto! —aplaudió la doctora—. ¡Salió la psicóloga que Ruth lleva dentro! Pues esa misma teoría debemos aplicarla al área emocional. Hay que esperar a que llegue la estabilidad. Y lo que en sismología se mide en semanas, en el asunto del amor debemos medirlo en meses, tal vez en años. Demasiadas personas, cuando fracasan en una relación, en especial cuando son engañadas o abandonadas por su pareja, en un intento de convencerse de que todavía son apetecibles para alguien, inician una nueva relación demasiado pronto. Rara vez esa relación funciona. Pronto se quiebra, porque el terreno sobre el que se edifica es inestable y sufre aún las réplicas del gran seísmo. Es preciso esperar a que la tierra se aquiete y las emociones alcancen cierto grado de estabilidad. Debes estar completa estando sola, para que la compañía sea por elección y no por necesidad.

—Entonces, ¿qué sustitutos puedo encontrar?

—Hay mil cosas, el chocolate es rico en este compuesto, por eso es habitual que durante el "mal de amores" se consuman cantidades excesivas.

—Me encanta el chocolate —fue la segunda vez que sonrió en ese encuentro, y Eli se sintió confortada al constatarlo—. ¡Es un fastidio que engorde!

—Estoy totalmente de acuerdo —dijo fingiendo enfado—, pero ahí llega otra opción para segregar esa misma hormona: hacer deporte. Te hará sentir bien y además combatirás los efectos del chocolate. Cultivar la espiritualidad es otra de las maneras más efectivas de encontrar sosiego, la fe es un baluarte firme en medio de las tormentas. La oración es un camino seguro hacia la paz, te recomiendo dedicar a la oración un espacio cada día.

—Mis padres me han recomendado lo mismo, y también mi pastor.

—"No se preocupen por nada —comenzó a declamar la doctora—; en cambio, oren por todo. Díganle a Dios lo que necesitan y denle gracias por todo lo que él ha hecho". (Filipenses 4:6, NTV) Fíjate en los términos absolutos que aparecen en esa cita de la Biblia: *todo* y *nada*. No os preocupéis por *nada*, orad por *todo*. Desde mi perspectiva, ese texto bíblico me dice que para enfrentar la vida tengo dos opciones: preocuparme u orar. Si oro mucho me preocuparé poco, y si oro poco me preocuparé mucho.

—Me parece estar escuchando a mi pastor —sonrió Ruth de nuevo.

—Intentaré resumir en pocas palabras y de forma más entendible y sencilla lo que he intentado decirte en este encuentro —decidió Eli—. Estar cerca de alguien que nos gusta hace que nuestro cerebro emita neurotransmisores tan potentes como la dopamina y la oxitocina. Cuando nos separamos de esa persona, el cerebro deja de recibir esos químicos adictivos, entonces cree volverse loco —un breve silencio, y la doctora retomó sus conclusiones—. Según prestigiosos estudios, la curación de un corazón roto se reduce esencialmente en volver a cablear el cerebro, lo que requiere de constancia, compromiso y mucha fortaleza. Durante el periodo de abstinencia, cuando el cerebro está tratando de crear nuevas vías neuronales, las viejas vías de recompensa intentarán convencerte de que te acerques a tu ex para obtener una nueva dosis de esos neurotransmisores que te hagan sentir bien —miró a Ruth para asegurarse de que escuchaba lo siguiente—. Sin embargo, eso solo logrará retrasar el proceso de curación. Cada vez que haces algo así, estás intercambiando salud a largo plazo por una gratificación inmediata. Tras una ruptura, el cerebro intenta desesperadamente buscar alivio, y no es solo por el dolor emocional que sentimos, de hecho, también sufrimos dolor físico cuando atravesamos por un periodo de separación. Los estudios confirman que las mismas partes de nuestro cerebro se encienden en un proceso de ruptura que cuando tenemos un hueso roto o un fuerte dolor de muelas. Además de eso, la parte de nuestro cerebro que se ocupa del pensamiento lógico y racional es literalmente secuestrada y anulada por la parte del cerebro que procesa las emociones y sensaciones, por lo que en una ruptura es fácil olvidar los momentos horribles de la relación que desembocaron en el divorcio.

Calló por si Ruth tuviera algo que preguntar o algún inciso que transmitir, pero percibió que la joven escuchaba atentamente, por lo que decidió continuar.

—En ese tiempo, escúchame Ruth, porque esto es importante, debes recordar que tu mente no es tu amiga. Ella busca una cosa y solo una: alivio inmediato del dolor. Pero eso puede llevarte a volver a lo que te causó dolor en primer lugar. Ese ciclo es idéntico al bucle en el que quedan atrapados los adictos a drogas. Aléjate de él rápidamente.

—Cuando tu cerebro quiera engañarte, engáñalo tú a él reemplazando los neurotransmisores de los que te estás alejando —y llevando la cuenta con los dedos comenzó a enumerar esas opciones—: 1) interacciones significativas con familiares y amigos aumentarán tu serotonina; 2) el ejercicio libera endorfinas que es la hormona de "sentirse bien"; 3) escuchar música, dormir lo suficiente o abrazar a un amigo aumenta los niveles de dopamina. Ruth, ¿me estás siguiendo?

—Claro que sí —aseguró la chica—. Te estoy siguiendo y puedes estar segura de que tomo nota de cada uno de tus consejos.

—4) Las rupturas no son tan simples como dejar ir a la otra persona —advirtió la psicóloga—. Si quieres seguir adelante de la manera más rápida y efectiva, debemos buscar experiencias y personas que desencadenen esas hormonas del bienestar que no involucren a tu ex. Al igual que los huesos rotos, los corazones también sanan, y la neuroplasticidad y la paciencia son los ingredientes clave para seguir adelante.

—Pero ¿cuánto dura esa dependencia? —insistió Ruth—. ¿De verdad sufriré por cuatro años?

—Ruth, no deberías enfocarte en cuánto durará esto, sino en cómo afrontarás el día a día. Es cierto que cuando la unión con una persona ha sido muy fuerte, hace falta tiempo para debilitar los circuitos neuronales en los que participan las sustancias químicas del amor, y como ocurre con un adicto a la droga, la mejor manera de superarlo es el contacto cero —la miró con fijeza para asegurarse que captaba lo importante de ese punto, y lo repitió—. Contacto cero, al menos durante las primeras etapas de la ruptura y siempre que sea posible. Más adelante tendréis que mantener una relación lo más cordial posible por el bien de vuestro hijo, pero en esta primera etapa debes establecer distancia. Y como veo que te gusta leer, es posible que hayas leído a Charles Bukowski: "Otra pequeña voz dentro de mí dijo: No te rindas. Salva esa pequeña brasa. Y nunca les des esa chispa, porque mientras tengas esa chispa, puedes comenzar el fuego más grande de nuevo". Aplícatelo, Ruth, no entregues al miedo esa chispa de esperanza que conservas, porque tu corazón volverá a arder con ilusión.

Pero Israel, seguramente conociendo que la distancia absoluta la sanaría, intentaba volver a verla para evitar esa sanidad, y a veces lo conseguía; no porque la amase, sino porque Ruth era su víctima predilecta, y una recaída en las garras del depredador casi siempre resulta definitiva. Quería evitar que se desintoxicara, que dejara de necesitarlo.

Por esa razón, Josué decidió intervenir. Aprovechó un día en que vino a recoger al niño; Mia y él hablaron con Israel.

—Déjala tranquila —le pidió—, si sientes algo por ella, aunque sea un poco de aprecio, déjala.

—¿Aprecio? —le enfureció escuchar eso—. La he amado. Y creo que todavía la amo.

—No la amabas; solamente no querías estar solo. O, simplemente, ella era buena para tu ego. O te hacía sentir mejor respecto a tu lamentable vida. Pero no la amabas, porque uno no destruye a la persona que ama. Ella fue un lujo en tu vida que jamás volverás a tener.

Aprovechó el silencio de Israel para añadir algo más.

—De todos modos, debes saber que Ruth te está agradecida, porque le has enseñado algo importante.

—¿Agradecida? —arrugó el amplio entrecejo—. ¿Que yo le enseñé lo más importante? ¿Qué fue lo que la enseñé?

—Sí, te está agradecida porque tú le has enseñado las cosas que nunca más debe permitir a nadie. Agradecida porque al dejarla le hiciste el favor más grande de su vida —mantuvo la mirada fija en él para concluir—. Déjala tranquila. Por tu bien, por el de ella, por el de ese pequeño. Déjala en paz.

Israel guardó silencio y mantuvo sus ojos fijos en los de Josué, quien volvió a estremecerse ante aquella mirada impenetrable.

RESTAURACIÓN

Elisabeth, la doctora, trabajaba con alta efectividad en el alma de Ruth, y ella misma, teniendo valores espirituales, le recomendó que no dejase de frecuentar la iglesia, ese lugar donde encontraría consuelo, fortaleza y sanidad. En cada reunión en la iglesia lloraba y lloraba; parecía no tener consuelo, pero a la vez sentía que esas lágrimas sacaban fuera todo el dolor que la llenaba. Eran fuentes abiertas que manaban líquido, pero también vaciaba de podredumbre todo su interior.

—¿Qué tal ayer? —le preguntó Eli en su acostumbrada cita de los lunes por la tarde.

—Lloré por dentro todo el día.

—Quizá porque era domingo, y los domingos las ausencias se incrustan mucho más adentro.

—Tal vez, pero terminé hecha ruinas.

—Es lo que tienes que caminar por los escombros de los recuerdos.

—Y si solo recordase durante el día —se lamentó—, lo malo es que también sueño con Israel.

—¿Qué es lo que sueñas?

—Nada bueno —quiso dibujar una sonrisa con sus labios, pero apenas le salió.

—Cuenta, cuenta —apremió la doctora—. Me interesa saber qué sueñas, y también a ti te ayudará sacarlo.

—Vale, tú lo has querido —dijo, ahora sí, sonriendo—. Sueño que Israel viaja en coche y tiene un accidente. El coche queda envuelto en llamas y él no tiene tiempo de salir —hablaba ya con libertad; no se guardaba nada, todo lo contaba—. Cuando despierto y veo que solo fue un sueño, me desanimo.

Eli no juzgaba con severidad los comentarios de Ruth, pero le presentaba mejores alternativas

—No es extraño que sueñes cosas así —admitía—, tu subconsciente alienta deseos de revancha, pero mi consejo es que no alimentes ese sentimiento. No busques la venganza, porque eso no te va a aliviar. Lo que te aliviará es perdonar, aunque cueste.

—¿Perdonarlo? —negó con la cabeza—. Creo que eso es imposible.

—Te parece imposible ahora —reconoció Eli—, pero no hay que precipitar las cosas. Respetemos las etapas del duelo. Todo irá llegando. Llegarás a descubrir que el odio es como una cadena que te mantiene atada a él, mientras que el perdón es la tijera que corta las amarras y te permite navegar de nuevo con toda libertad. No te hagas presa de tu pasado. Fue una lección, no una cadena perpetua.

—El que te he contado no es el peor de mis sueños —confesó.

—¡¿Ah, no?! —la miró sorprendida y luego bromeó—. Claro, morir abrasado dentro del vehículo es una muerte dulce —rio—. A ver, ¿qué más has soñado?

—Hay un sueño que ya se ha repetido tres veces.

—Sueños recurrentes —enunció la doctora—. Es interesante y también es lógico en una situación como la que estás viviendo. Cuéntamelo —pidió Eli al ver que a Ruth le costaba trabajo hacerlo.

—Es que... —titubeó—, es un sueño demasiado raro.

—Casi todos los sueños lo son —rio la doctora—, no sientas vergüenza, es tu subconsciente.

—He soñado tres veces que Judith y yo...

—¿Quién es Judith?

—Mi hermana —aclaró—. Sueño que ella y yo entramos en una casa. Lo hacemos a través de una ventana después de haber escalado por la fachada. Al entrar vemos a Israel, está durmiendo sobre una cama. Nos acercamos sigilosamente y, mientras Judith lo sujeta por los brazos, yo le hago mucho daño.

—¿A Israel? —quiso saber Eli.

—Sí, a Israel. Terminado mi trabajo, mi hermana y yo chocamos nuestras manos en un gesto de victoria.

Concluido el relato, Ruth mantuvo su cabeza gacha, como un poco avergonzada.

—¿Cómo le haces daño?

—Lo golpeo... lo golpeo con una furia incontrolable —Ruth tapó su rostro con ambas manos—. Sé que jamás haría algo así. No entra en mi temperamento ni tampoco cabe en los valores que mis padres me han inculcado. Pero en el sueño me veo desquiciada, enfurecida, totalmente fuera de mí.

Eli quiso suavizar el ambiente, y aunque también estaba un poco estremecida, optó por distender la atmósfera.

—¡Guau! Es una historia no apta para menores. Escucha, Ruth, no tienes que darle mayor importancia. Esos sueños se llaman "sueños recurrentes". Son bastante comunes y están provocados por alguna situación específica de nuestras vidas que quedó grabada en nuestra mente, algo así como un problema sin resolver o una situación que superar. El tiempo y la distancia ayudarán a difuminar los recuerdos y verás que tus sueños cambian.

—Por eso intento no tener ningún contacto con él, pero es inevitable que mantengamos comunicación, aunque muy escasa, por causa del niño, y cuando me escribe no pierde ocasión de ofenderme y crisparme.

—Nadie se halla capacitado para ofendernos con actitudes o palabras: es solo nuestra inseguridad la que se siente atacada y pone en guardia sus defensas. Hay que arrostrar la batalla con el corazón en paz; hay que meterse en la batalla sin el menor rastro de odio.

—¿Por qué me tuvo que pasar a mí esto?

—Hay preguntas que no tienen fácil respuesta; pero puedo asegurarte que todo dolor, adecuadamente digerido, nunca será inútil. Cuando vivimos una difícil experiencia adquirimos "capital de memoria", que nos será muy útil en la vida. La adversidad es una extraordinaria maestra —la seguridad con la que Eli transmitía ese principio, resultaba terapéutica—. Estoy segura de que lo que has vivido, el dolor por el que sigues aún pasando, lejos de incapacitarte, te está capacitando. ¿Oíste eso de que Dios jamás desperdicia una pena, sino que las convierte en riqueza? Si te rompió el alma, pero te abrió los ojos, quédate con esa victoria, y acude al divino cirujano —señaló hacia arriba—. Él, con hilo de oro, sutura el corazón más desgarrado.

Ruth era consciente del enorme privilegio que suponía tener una doctora que, además de trabajar las dimensiones cognitiva (pensamiento), afectiva (emociones) y comportamental (conducta), cultivase también su espíritu. Eli hacía un importante énfasis en los valores espirituales, y eso fortalecía a diario la fe de Ruth.

— Recuérdalo, Ruth —insistió la doctora—, de las ruinas que otros dejaron, Dios levantará un palacio. Normalmente no utilizo estas frases con el común de mis pacientes, pero siendo que tú y yo compartimos el inmenso tesoro de la fe en Dios, puedo permitírmelo sin alterar mi ética profesional.

Ruth tomó un sorbo del vaso de agua que la doctora había puesto frente a ella. Levantó la mirada al techo y tragó con dificultad. Un mar de lágrimas llenó sus ojos y ella las espantó con su mano, sin parpadear.

—Cuando algún chico se me acerca o me busca con lo que yo considero insistencia, me pongo en guardia —admitió—, hasta he llegado a bloquear a alguno porque me saluda por las redes tres días seguidos.

—Pistantrofobia —sentenció la doctora, al tiempo que aproximó a Ruth un dispensador de pañuelos de papel.

—¿Cómo? —arqueó las cejas Ruth mientras tomaba un pañuelo de la caja y se secaba los ojos—. Nunca había oído esa palabra.

—Es el término que define el miedo a volver a confiar en otras personas a consecuencia de traiciones sufridas: *pistantrofobia*. Así se explica también a la incapacidad de recuperar la fluidez y profundidad en las relaciones. Del mismo modo que *filofobia* es el miedo al amor, a enamorarse o a estar enamorado.

—¿Quieres decir que no volveré a confiar en los hombres? —interrogó—, porque yo creo que nunca volveré a creer en ellos, en realidad pienso que el amor no existe.

—Volverás a confiar, ya lo verás, a lo mejor tardas un poquito más en vencer la filofobia, pero hasta eso superarás —aseguró mientras reía—, y recuperarás la ilusión y también la sonrisa —y la que le regaló la doctora logró dibujar una curva en los labios de Ruth—. Créeme que, igual que algunos hombres son malos, también los hay buenos, lo mismo que hay mujeres buenas y malas —la miró con una serenidad contagiosa para concluir—. No pierdas la fe en el género humano, porque por evitar a los que amargan puedes rechazar a quienes llenarían tu vida de dulzura. Leí anoche una frase que me gustó: "Aquel día todos amanecieron con azúcar en los labios, pero solo se dieron cuenta los que decidieron besar a los demás".

PUENTES

También sus amigas le decían una y otra vez que volvería a confiar y que encontraría a la persona idónea.

—Pero me alegra mucho que te sientas completa por ti misma —le dijo Paula—. Muchas mujeres, en cuanto se ven traicionadas, se desesperan por encontrar enseguida un sustituto.

—También hay hombres así —advirtió Noe—. Es como si al sentirse rechazados necesitasen comprobar que siguen siendo apetecibles para alguien.

—Pues eso es lo último en lo que yo pienso —aseguró Ruth—. No entra en mis planes ampliar mi grupo. Menos mal que Eli me dio la razón en esto.

—¿Eli? —preguntaron Noe y Paula casi a la vez—. ¿Quién es Eli?

—Es mi doctora, se llama Elisabeth —aclaró—. Ella me dijo que la mejor manera de ser feliz con alguien es aprender a ser feliz solo; así, la compañía es una elección, no una necesidad. Pues eso —concluyó con firmeza—: yo estoy muy feliz quedándome solita. Bueno, con vosotras, con mi familia, y con este tesorito —abrazo al pequeñín que ya era parte imprescindible del grupo.

—Hagamos un pacto —rio Noe—: seremos el club de las tres y nos quedaremos solteras para siempre.

—Venga —aclamó Ruth—. ¡Pacto de meñiques! —y las tres entrelazaron sus dedos sin dejar de reír.

—¡Las tres fantásticas! —gritó Paula haciendo la "V" con los dedos índice y corazón.

—Ya tengo el lema —dijo Ruth, y se puso de pie para declamarlo—: "Reír nos hizo invencibles, no como las que siempre ganan, sino como las que no se rinden".

Una vez concluido, hizo una reverencia como quien culmina una magistral interpretación.

—¡Qué nivel, Maribel! —dijo Noe, quedándose con la boca abierta.

—Chica, eres una poetisa increíble —dijo Paula sorprendida—. Acabarás como académica de la lengua.

—Qué exageradas sois —rio Ruth—. Por cierto, Pau, para pertenecer al club tendrás que cortar con Pablo —advirtió y reía con suspicacia.

—No tendré que cortar con nadie, porque entre Pablo y yo no hay nada —respondió de inmediato Paula.

—¿Lo dices de verdad? —interrogó Noe.

—En serio, solo somos amigos —aseguró—. Ni él está por mí ni yo por él.

Fueron pasando los meses, y a medida que la recuperación de Ruth era más evidente, también lo era el vínculo que se fortalecía con su familia y amigas. Quedaba atrás ese tiempo en que se aisló de todos. Los muros que había levantado se derribaron y con esas piedras construyó puentes que la acercaban a los demás.

Paula y Noe adoptaron a Isaac como si fuera su sobrino. Se convirtió en el juguete de todas, tanto que discutían por tenerlo en sus brazos o por llevarlo al parque. A veces las tres pasaban la tarde entera en el parque, jugando con el pequeño y riendo.

—Es el tercer helado de chocolate que tomas hoy —le advirtió Noe.

—Tengo la autorización de mi psicóloga —reía Ruth—. Me ha dicho que es mejor comer helados que medicamentos. El chocolate cura el desamor; son vitaminas para mis neuronas, así que no me regañéis.

—Qué asquerosa eres —replicó Paula—. Te comes la heladería entera y no engordas, yo miro el escaparate y me pongo como una vaca.

—Es que el mal de amores adelgaza —fingía voz de deprimida Ruth.

—Pablo te diría —Noe impostó la voz—: "La envidia es una admiración mal gestionada. Aprendamos a canalizarla y seremos felices" —se rio con ganas.

—No te rías de Pablo —salió en su defensa Ruth—, a mí me encanta cómo habla y se le nota que lee un montón. Me gustan los chicos que leen.

—Uy, uy, que aquí hay tomate —rio Noe—. Desde que Pau te dijo que entre ellos no hay nada, ¡ya sabes que Pablo está libre!

—No seas tonta —se defendía—, ya te he dicho que no volveré a salir con ningún chico.

Y cuando fueron sus padres quienes le dijeron: "Ya verás cómo cuando aparezca el amor no te resistirás", ella preguntó casi enfadada.

—Todos me repetís lo mismo. ¿Por qué?

—La repetición es la madre de la fijación —repuso Josué—. De todos modos, me alegra mucho ver que no estás obsesionada con volver a tener pareja. Demasiadas mujeres están desesperadas por volver a casarse. "Un clavo saca a otro clavo", dicen.

—¿Obsesionada? —rio, por fin, Ruth—. Ni siquiera estoy interesada. He comprobado que estoy completa sin otra persona. Quiero decir, sin un novio; gracias a Dios tengo amigas, os tengo a vosotros, y sobre todo lo tengo a él —y abrazaba al pequeñín, meciéndolo con ternura—. No es imprescindible un hombre, pero sí es imprescindible la paz.

—No sabes lo que me tranquiliza oírte decir eso —afirmó Josué—. Es verdad que hay personas que tras haber sido traicionadas o abandonadas se echan en brazos de cualquiera —movió la cabeza de lado a lado—. Conformarse con cualquiera con tal de no estar solo... si tuviera que definir la infelicidad, creo que esa sería la descripción más adecuada.

CUATRO AÑOS DESPUÉS...
PRIMAVERA

Y porque no lo buscaba, lo encontró.

"El amor es una bellísima flor, pero hay que tener el coraje de ir a recogerla al borde de un precipicio", dijo Stendhal. ¿Tendría el valor suficiente de agarrar esa flor? ¿Se arriesgaría de nuevo a poner su corazón en otras manos, después de que aquellas donde lo depositó lo destrozaron?

No fue algo forzado, sino plenamente natural y hasta casual. Una serie encadenada de situaciones. Lo cierto es que él estaba allí, y ella también. Aquel día había un evento especial para jóvenes en la iglesia, y fue allí donde Pablo se decidió a dar un paso más. No era algo nuevo que la mirase con otros ojos, y ella lo sabía y él también sabía que desde hacía un tiempo la mirada de Ruth brillaba de manera distinta al observarlo. Pero ese día la vio impresionante. Vestía sencilla: una camiseta de algodón negro y unos vaqueros, todo de Zara, pero se veía bellísima; no le hacían falta zapatos de marca ni bolsos joya. Su brillante cabello y su sonrisa vestían lo suficiente. Aunque la conocía desde hacía bastante tiempo, en las últimas semanas no podía dejar de pensar en ella. Una de las cosas que le cautivaban era que Ruth se sentía cómoda con su cuerpo, con su apariencia al completo. Se veía una mujer segura de sí misma. Eso tenía un valor añadido cuando, como él sabía bien, Israel había querido convencerla de todo lo contrario: intentó hacerla creer que si lo dejaba a él no encontraría a nadie más.

Recordaba Pablo la ocasión en que Ruth les había confesado: "Cuando estaba con Israel soñaba con cambiar varias cosas de mi cuerpo: un poco más de estatura, un poco más de pecho..., pensaba que así él me querría más. De hecho, no paraba de decírmelo: "No tienes pecho y eres demasiado bajita. Qué suerte has tenido de que yo me fije en ti. Pero si sigues engordando, no sé yo si seguiré fijándome". "¡Si será canalla ese indeseable!", estalló Noe aquel día. "¿Eso te decía? ¡Ni que él fuera Pau Gasol! ¡Si tiene estatura de pigmeo!".

Aquel tiempo ya había pasado y ahora Ruth se aceptaba a sí misma, se amaba, y eso se traducía en serenidad y seguridad.

—¿Me dejas que te invite? —le dijo ese día cuando concluyó la actividad con los jóvenes de la iglesia—. Conozco un lugar de helados artesanales donde los hacen riquísimos.

—Suena bastante bien —dijo al colocarse un mechón de pelo detrás de la oreja—. Pero hoy me es imposible.

Por lo menos no le había ofrecido invitarla a un batido de frutas, ni había presumido de que allí hacían los mejores helados de toda la ciudad. La frase preferida del presuntuoso Israel.

—¿Mañana? —probó suerte Pablo.

—Déjame que llegue a casa y mire lo que tengo que hacer mañana. Luego te digo, y de verdad, gracias por la invitación —en realidad lo único que necesitaba era decírselo a su hermana y a Noe; ellas habían sido sus confidentes y su ayuda durante la gran crisis, y aunque no dependía de ellas, sí quería tenerlas informadas.

Ese domingo comieron en casa junto con su hermana Judith y su cuñado, Daniel. Después del almuerzo, mientras Isaac jugaba con su primos, Judith se acercó a su hermana.

—Tus ojos brillan de una manera muy especial —le dijo—, ¿no vas a contarle nada a tu hermana favorita?

—¿Mi hermana favorita? —rio Ruth—. No tengo otra hermana.

—¿Pero a que soy tu favorita?

—Lo eres —la abrazó—, nunca lo dudes, aunque durante el tiempo con Israel me separé mucho de ti. No te imaginas lo que te he echado de menos y lo que me alegro de que de nuevo estemos tan unidas.

—Yo también me alegro. También te he extrañado mucho. Oye, ¿no estarás poniéndote melosa para esquivar mi pregunta? A ver, ¿qué tienes que contarme? ¿Por qué estás tan risueña últimamente?

—Pablo está muy cariñoso conmigo...

—¡Guau! ¡Eso es un bombazo!

Ruth rio con ganas.

—¿Y tú? —interrogó Judith—, ¿estás cariñosa con él?

—Bueno, digamos que me parece un chico muy interesante.

—Pero no pasará de ahí, por supuesto —bromeó Judith.

—¿Por qué no puede pasar de ahí?

—A todos los chicos que se acercan a ti les pones la "x" y los borras de un plumazo. Porque según tú, el amor no existe y nunca más, en toda tu vida, ¡volverás a enamorarte!

—¿Eso lo he dicho yo?

—Sí, señorita, y por lo menos mil veces.

Ruth rio con ganas mientras afirmaba:

—Pues he cambiado de opinión. ¿Oíste eso de: "Finge no tener corazón para evitar que te lo rompan"? Pues es lo que me pasaba a mí.

—Ruth —Judith la miró con una luz de alegría en los ojos—, he orado mucho para que nunca más te enamores de alguien que te aleje de Dios. ¿Recuerdas lo que te dije el mismo día de tu boda?

—¡Claro que me acuerdo! Es imposible olvidarlo —y lo recitó—: "La persona correcta para ti también hará que te enamores de ti, y que te enamores de Dios".

—¡Qué buena memoria tienes! —rio Judith—. He orado para te vuelvas a enamorar con todo tu ser, he orado para que te pierdas en Dios, y quien te quiera encontrar tenga que buscarte allí.

—¿Y qué piensas de Pablo? —para Ruth era muy importante la opinión de su hermana.

—Creo que Pablo ama a Dios, y por eso sabrá amarte a ti.

Una enorme sonrisa iluminó el rostro de Ruth.

—No puedo olvidar lo que me dijiste cuando conociste a Israel —recordó.

—A ver, déjame que adivine a qué te refieres —jugó Judith.

—¡Claro! —rio—, me dijiste tantas cosas que es difícil acertar a cuál me refiero.

—Te enfadaste mucho —recordó Judith— cuando te dije aquello de: "Un hombre envuelto en su propia gloria es un paquete que no vale mucho".

—Sí, me molestó porque usaste una frase que yo misma te había leído de un libro que me encantó.

—Pero, Ruth, no puedes negar que Israel es un narcisista.

—Lo es, no lo niego, tiene el síndrome del súper héroe, pero lo que más me ofendió fue cuando me soltaste aquello de: "Si quieres volar con las águilas, deja de escarbar con las gallinas". ¡Desde luego que fuiste transparente!

—¿Lo ves? —Judith abrió los ojos con asombro—, ¡tienes una memoria prodigiosa!

—Es que es imposible olvidar algo así.

—Y yo también recuerdo.

—¿Qué recuerdas?

—Recuerdo cómo te enfadaste cuando te lo dije —Judith sacudió la mano derecha y resopló—. Te pusiste roja y me miraste con los ojos muy chiquititos. Creí que ibas a matarme cuando gritabas: "¡Israel no es ninguna gallina!" —chilló imitando la voz de su hermana.

—Estaba tan ciega —movió la cabeza de lado a lado—. No podía entender que todo lo hacíais por mi bien.

—¿Y has olvidado mi comentario cuando vi cómo te ibas apagando al sumergirte en esa ciénaga llamada Israel?

—"No te quedes en un lugar en el que no puedas florecer, aunque te guste" —asintió con la cabeza en el recuerdo.

—Quiero que sepas que ahora de nuevo te veo florecer, y me encanta verte así.

Ruth se sintió feliz de escuchar aquello, porque el criterio de Judith le importaba mucho. Con toda la confianza que le dio la opinión de su hermana, decidió cruzar un mensaje con Noemí.

"Mejor aún", pensó cuando ya estaba en cama esa noche, "escribiré al grupo". Y eso hizo: justo antes de dormir tomó su móvil, abrió el grupo de WhatsApp donde solo estaban ellas tres, y escribió: "¿Alguien despierto al otro lado? Tengo una duda existencial y necesito a mis dos psicólogas preferidas".

Se quedó mirando fijamente la pantalla del móvil, y al tiempo que las dos palomitas de la notificación se ponían en azul, entró, veloz, la primera respuesta, que más bien era una pregunta: "¿Preferidas?", emoji de mirada suspicaz. "¿Oye guapi, acaso tienes otras?", era Noe. "¡¡¡Estaba dormida!!!", se quejó Paula. "¿Iré a la cárcel si mato tu teléfono móvil?". "No te quejes tanto!", replicó Ruth, "para eso estamos las amigas: para ayudarnos con las dudas existenciales". "Te advierto que estoy leyendo solo con el ojo derecho", escribió Pau, "el que dejo abierto, aunque duerma. ¿Duda existencial? Si no peligra tu vida lo dejamos para mañana. Esta psicóloga no es como Eli, yo solo recibo pacientes hasta las nueve de la noche". Ruth optó por lanzar la bomba: "Un chico guapísimo me invita a un helado mañana, pero no sé qué decirle... necesito ayuda". "¡Guau! Eso sí es de vida o muerte", escribió Paula. "Para esos casos atiendo 24/7. ¡Si es guapísimo dile que no!, y luego le pasas mi número de teléfono". "Cuenta, cuenta", Noe no ocultó su curiosidad. "No te daré mi opinión si no me das más detalles". Ruth soltó una carcajada en la soledad de su cuarto. Imaginó a sus amigas sentadas en la cama, y ya totalmente despiertas. "Bueno, os daré algún detalle más: un metro y setenta y ocho centímetros de estatura, cabello negro liso y bastante largo, barba de tres días. Además, es muy educado, elegante y culto". "Tía", Noemí era perspicaz e intuitiva, "¡estás describiendo a Pablo!". "¡Bingo!", escribió Ruth, y añadió cuatro emoticonos de aplausos. "¿Pablo te está invitando a ti, sin decirnos nada a nosotras?", se quejó Paula. "¡Será traidor!". "Pau, ¿no sabes distinguir una cita íntima?", interrogó Noemí. "Pablo quiere una cita, y no una quedada de amigos". "Sé distinguirlo perfectamente, pero sigue siendo un traidor". "Oye", intervino Ruth, "tú me dijiste que no hay nada entre vosotros. ¿Eso era cierto? Porque si no lo es, le digo que se tome ese helado con su tía". "Claro que no hay nada entre nosotros", respondió Paula con emojis de risa. "Solo estaba bromeando, ¡tranquila, Ruty! No hay nada de nada, y de verdad que me encantaría que lo hubiera entre vosotros dos. ¡Hacéis una pareja chulísima!". "¿No os enfadaréis si rompo nuestro pacto de meñiques?", añadió caritas llorando. "Tranquila, guapi, lo habríamos roto cualquiera de nosotras si se nos declara un macizo como

Pablo", confesó Noe. "Pero en cuanto mañana termine vuestra cita, quiero información completa. Y cuando digo completa, quiero decir COMPLETA", Noemí y su curiosidad insaciable. "Ponte guapa para ti", escribió Paula, "sonríe para ti, haz planes para ti, sé feliz para ti; y si él quiere compartirlo contigo, bien, y si no, más para ti". "¡Qué consejo más bonito! ¡Gracias, Pau!", exclamó Ruth con emojis de besitos. "Esa cita es de Gabriel García Márquez, Pau", replicó Noe, "así que no te la apuntes". "Yo no dije que fuera mía", se defendió Paula. "De algo tiene que servirme todo lo que tuve que empollar a los clásicos para la carrera".

Total, que, al día siguiente, Ruth y Pablo degustaron juntos el mejor helado que ella nunca hubiera probado, y todo sin que él presumiera de heladería, ni de amistad con el heladero.

Mientras saboreaba la crema fría de *stracciatela*, recordó las severas y terminantes normas a las que fue sometida en los últimos meses de convivencia con Israel: *Estás gorda y te ves fea. Tienes que adelgazar hasta que tus muslos no rocen el uno contra el otro cuando caminas. Quítate de los pasteles, de las galletas, de los helados.*

Y no solo le quitó los dulces, también le amargó la vida.

Ahora estaba en una nueva etapa. Devolvió la sonrisa que Pablo le dedicaba y tomó una enorme cucharada de aquel delicioso helado.

— A tu salud —rio, miraba a Pablo.

Se sentía cómoda.

El mundo estaba al otro lado de aquel lugar, muy lejos.

Fue el principio de una increíble y saludable amistad. Pero durante mucho tiempo quedó en eso: amistad. Ella estaba llena de dudas que la acompañaron durante días que se hicieron semanas, y semanas que se convirtieron en meses. Gato escaldado del agua fría huye. No era un gato, pero había sido abrasada, y ahora sentía pánico de avivar ese fuego llamado amor.

DAMAS DE ARDIENTE CABELLERA

—**E**s un chollo —le aseguró Richard.

—Vuelve a explicármelo —pidió Israel.

—Tío, mira que eres duro de mollera —"El rimas" chasqueó la lengua con fastidio—. Ya te he dicho tres veces que tengo un negocio preparado que es puro caramelo. Todo está listo: comprador y mercancía, solo me falta la mula.

—Y has pensado que esa mula sea yo. Es eso, ¿no?

—¡Bravo! —Richard aplaudió con desgano—. Por fin parece que te enteras de algo. Solo tendrás que trasladar las plantas, y a cambio te llevarás un buen puñado de euros.

—¿Cuántas?

—¿Qué?

—¿Cuántas plantas hay que trasladar?

Ricardo resopló con fastidio:

—Trescientas cincuenta damiselas de ardiente cabellera.[2] También es la tercera vez que te lo digo, y te repito que a mí me pagan

---

2. Nombre en clave para referirse a las plantas de marihuana.

por ellas treinta y cinco mil euros y tú te llevas un diez por ciento limpio. Todos los gastos pagados: alquiler de la furgona para el traslado, tus comidas. Todo corre de mi cuenta. Pero ¡cuidado que te conozco! ¡No te pases con las copas!

—Repíteme, ¿adónde viajan las damas?

—Al puerto de Denia, en la provincia de Alicante, y allí embarcarán hasta su destino final, pero eso ya no es cosa tuya, porque ahí terminan nuestros servicios.

—Así que debo sacar tus plantitas de viaje, y moverlas casi quinientos kilómetros, ¿y pretendes darme solo un diez por ciento? —chasqueó la lengua contra su paladar y movió la cabeza de lado a lado— ¡es ridículo! Demasiado riesgo para tres mil quinientos pavos —Israel fue determinante—. Quiero cinco mil, la mitad antes del viaje y el resto cuando regrese.

—Hecho —Richard le tendió la mano, e Israel la estrechó decepcionado, seguro que podía haberle pedido siete mil euros y se los habría dado.

AHORA SÍ, AMOR, AHORA SÍ

"**D**esde que di mi corazón a Jesús establecí como rutina y hábito leer todos los días una página de la Biblia. Sin apenas darme cuenta doblé la dosis, por pura necesidad y no por obligación. Cuando quise darme cuenta me había caído dentro sin remedio. Las páginas me absorbieron y las historias me sedujeron. Buceaba en aquel mar de tinta y letra, como quien se mueve entre arrecifes de coral. Puro deleite", eran las palabras de Rubén, el pastor de la iglesia, quien en su sermón relataba eso el domingo por la mañana. Sin previo aviso se giró hasta que su mirada se encontró con la de Ruth, y profirió el siguiente mensaje: "Todo lo que el mal pueda haberte robado, Dios te lo devuelve multiplicado. Sobre las ruinas que otros dejaron, Él construirá un palacio".

Ese fue el mensaje que lanzó Rubén en una aparente salida del tema, durante la reunión del domingo, y las palabras llegaron hasta Ruth con la fuerza de un disparo, a la vez que con la suavidad de una pluma. Notó que esas afirmaciones penetraban por todos sus sentidos y se deslizaban suavemente, hasta posarse en su corazón y provocar allí una sensación terapéutica. Pudo constatar una vez más que hay palabras que abren heridas, pero hay otras que abren caminos, y las que estaba escuchando en ese momento pertenecían a esa segunda categoría.

Al girarse para pedir a su madre un pañuelo con el que enjugar sus ojos, se encontró con la mirada de Pablo, que la observaba. Él asintió con la cabeza: "Ese mensaje del pastor es para ti", parecía querer decirle.

—Gracias por su sermón, Rubén —le dijo Ruth al saludarlo en la puerta de la iglesia—. Me ha sido de mucha ayuda.

—No lo olvides nunca, Ruth —le pidió el pastor—. Todo lo que te han robado, Dios te lo devolverá multiplicado. Mantén la fe; no dejes que nadie te la arrebate. Custódiala como a un tesoro, porque frente a la aflicción, ese sentimiento gris y feo y que ensucia el alma, la fe es un detergente que blanquea y robustece.

Pablo y Ruth caminaron un rato juntos, dirigiéndose al aparcamiento de la iglesia; ella sabía que sus padres iban unos pasos atrás, sin embargo, se sentía cómoda hablando con Pablo, de sobra conocía que a sus padres les caía muy bien.

Cuando llegaron al punto en que debían separarse, Pablo abrió la boca, como para decir algo, pero la llegada de Mia y Josué le hizo guardar silencio.

—¡Adiós, Pablo! —le dijeron cuando pasaban junto a ellos—. Hija, ¡te esperamos en el coche!

—¡Ahora mismo voy! —les aseguró, y luego se volvió hacia Pablo—. Ibas a decirme algo, ¿qué era? —inquirió.

—¿Yo? —sintió que sus mejillas ardían—. No..., no iba a decirte nada.

—Se te da muy mal mentir —lo miró fijamente, riéndose—; los mofletes se te ponen rojos y las orejas casi moradas —y le agarró la derecha para sacudirla, sin dejar de reír—. Me lo dirás o te tiro de ella hasta que parezcas Dumbo.

—Está bien, te lo diré, pero suelta mi oreja —inspiró profundamente por la nariz, como tomando impulso—. Quería decirte que me gustas mucho, cada día más; y que... —ahí se detuvo, como buscando las palabras para continuar.

—Vas bien, vas bien —rio Ruth y lo tomó de las dos manos—. ¡Venga, Pablito, sigue! ¡Me gusta lo que me estás diciendo!

—No me llames Pablito, o yo te llamaré Ruty —sus mejillas estaban tan rojas que parecían a punto de echar humo—. Pues que lo nuestro me hace recordar el conocido mito de "El banquete de Platón" que Milan Kundera cita en *La insoportable levedad del ser*. ¿Lo conoces?

—No tengo ni idea —reconoció Ruth—. Pero si lo que cita te recuerda a lo nuestro, entonces quiero conocerlo. ¿Qué es lo que dice Milan Kundera?

—Dice que: "Los humanos eran antes hermafroditas, y Dios los dividió en dos mitades que desde entonces vagan por el mundo y se buscan. El amor es el deseo de encontrar a la mitad perdida de nosotros mismos" —resopló, como agotado por el esfuerzo; se pasó el dorso de la mano derecha por la frente, como retirando un sudor imaginario, y concluyó—. Pues ya lo dije, y ahora estoy listo para escuchar que soy el mayor cursi de la historia; perdóname por tanta cursilería. ¡Me siento ridículo!

—Ni es cursi lo que me has dicho, ni es ridículo, es simplemente maravilloso, y no te doy un beso porque temo que mis padres estarán mirando —y añadió con una risa—, ¡y tal vez el pastor también!

—¿Entonces? —la miró con evidente nerviosismo—. ¿No me vas a responder?

—¿Responderte? —volvió a reír—. ¿A qué quieres que te responda?

—Pues a lo de si yo soy la mitad que te cortaron cuando eras hermafrodita.

Ruth se llevó la mano al estómago por el ataque de risa, y mientras tosía, como siempre que se reía con ganas, se dio cuenta de que hacía mucho tiempo que no reía de manera tan sincera y tan libre. Vio a Pablo riendo también, frente a ella, y pudo apreciar que a él la risa no lo afeaba, sino que lo embellecía de manera extraordinaria.

—Ahora no puedo decirte nada, Pablo —le comentó entre risas—. Lo que puedo asegurarte es que nunca fui hermafrodita y que hace apenas unos meses estaba segura de que no tengo ninguna mitad perdida y por eso no me interesaba nada recuperarla.

—¿Y ahora? —interrogó con los ojos más que con la boca—, ¿sigues pensando lo mismo? ¿No te falta la mitad?

Ruth lo miró con una risa nerviosa.

—¿Una cuarta parte? —siguió inquiriendo Pablo—. ¿Un cachito? ¡Aunque sea solo un cachito! ¿No te falta?

Le dio de nuevo el ataque de risa a Ruth. Creía que se ahogaría.

—De lo que estoy segura —dijo cuando se recuperó un poco— es de que a tu lado me siento muy bien —le tomó ambas manos, pero las soltó rápidamente—. Pablo, gracias, eres un regalo de Dios.

—¿Y mañana por la tarde?

—¿Perdón?

—Que si podemos vernos mañana por la tarde. Te invito a tomar algo.

—No lo sé, Pablo, no estoy segura. ¿Luego te confirmo, te parece?

De regreso a casa, sentada en la parte trasera del coche, Ruth iba reflexiva. A su mente vino la frase de Gabriel García Márquez en su libro *El amor en los tiempos del cólera*: "Contéstale que sí, aunque te estés muriendo de miedo, aunque te arrepientas, porque de todos modos te vas a arrepentir toda la vida si le contestas que no".

Antes de que hubieran llegado a casa ya había decidido que sí, aceptaría la invitación de Pablo para verse al día siguiente. Cada vez se sentía más cómoda a su lado, incluso había comenzado a extrañarlo y se había dado cuenta de que pensaba en él constantemente.

Cuando comenzaba a caer la tarde se decidió a mandarle un WhatsApp.

"¿Cómo está mi hermafrodita preferido?, escribió, añadiendo varios emojis de risa. "Te escribe una mitad buscadora; acepto la invitación de vernos mañana".

ÚLTIMO VIAJE

Israel emprendió el viaje cuando ya había oscurecido, pues tenía claro que de noche los riesgos de ser pillado se reducían a la mitad. En el kilómetro setenta de la A-3, en el restaurante *La Parada*, se detuvo a cenar. Ocupó una mesa pegada a la ventana, desde donde podía observar la Mercedes Sprinter, que iba atestada de hierba. Devoró un buen entrecot de buey, hecho al punto, y acompañado de patatas fritas y pimientos. "A tu salud, Richard", dijo, levantando en el aire la segunda copa de vino Ribera Duero Pesquera. "Para eso pagas tú".

Dudó en pedir un pedazo de tarta de queso con arándanos; la vio al entrar, y parecía muy apetecible tras la vitrina de los postres; pero se dio cuenta de que ya se notaba bastante pesado para el largo viaje que le esperaba, así que solo ordenó un café doble, bien cargado.

—No tenía que haber cenado tanto —dijo, bostezando de sueño, cuando apenas llevaba noventa kilómetros recorridos, creo que abusé con eso de que paga "El rimas", se desabrochó el botón del pantalón y buscó una emisora de música electrónica.

Israel adelantó a dos camiones forzando el motor de la Mercedes Sprinter, y luego subió el volumen de la radio todo lo que aguantaban sus oídos. La recta que enfiló le permitió pisar a tope el acelerador y abrió una rendija en el cristal de la ventana para sentir el aire tibio despeinándole. Aferrado al volante con fuerza, marcaba el ritmo de la música con sacudidas de cabeza.

De pronto, un destello en el retrovisor lo sobresaltó.

"¿De dónde narices habéis salido?", masculló al ver por el espejo las luces azules de un Alfa Romeo Stelvio de la Guardia Civil de tráfico.

Sus ojos se posaron sobre el velocímetro y el sudor fluyó a raudales por su frente. Circulaba a ciento veinte kilómetros por hora en un tramo donde la velocidad máxima permitida era noventa. Pisó el freno a la vez que inspiraba por la nariz, intentando mantener la calma. Las gotas de sudor bordearon las cejas y entraron a sus ojos, provocándole escozor. ¿Por qué siempre transpiraba de esa manera? ¡Su frente parecía el diluvio universal!

Observó de hito en hito el reflejo del coche policial que se mantenía detrás de él, mientras enumeraba mentalmente las infracciones que podrían imputarle: de entrada, exceso de velocidad; luego estaban las dos generosas copas de vino de la cena, sin duda arrojarían bastante más alcohol en sangre del permitido para conducir; y luego la infracción estrella por tráfico de drogas. Israel tenía razones de sobra para estar nervioso.

Miró de nuevo el espejo retrovisor:

"¿Por qué me seguís, picoletos?",[3] murmuró.

Redujo un poco más la velocidad y observó que el todoterreno, detrás de él, también lo hizo.

"Ya sé lo que urdís", siguió hablando solo. "Estáis comprobando la matrícula de esta furgona para ver si es robada, ¿verdad?", emitió un extraño sonido gutural que pretendía ser risa. "Pues no lo es, he pagado doscientos cincuenta pavos por usar esta máquina dos días", puso a trabajar su memoria a toda velocidad, intentando recordar

3. "Picoletos", término despectivo que usan los maleantes para referirse a los miembros de la Guardia Civil.

dónde había guardado el contrato de alquiler de la Mercedes, por si los agentes se lo requerían. "¡Sí! Ya recuerdo: lo dejé en la guantera, junto a la ficha técnica".

La aparición de una gasolinera fue providencial; no lo necesitaba todavía, pero decidió echar un poco de combustible como excusa para salir de la carretera. Cuando llegó cerca de la estación de servicio, puso el intermitente de la derecha. "Ni se os ocurra entrar aquí conmigo", masculló y miraba por el retrovisor.

Mientras tomaba la salida observó con alivio que el Alfa Romeo hacía rugir sus ·doscientos caballos de potencia, siguiendo su camino.

"¡Ufff!", suspiró aliviado—. "¡Adiós, picoletos! No sé por qué pasé tanto miedo, ¡en realidad sois unos pardillos!", meció la derecha simulando decir adiós, y con el dorso de esa misma mano se quitó el sudor de la frente. "Aprovecharé para orinar y comprarme una Coca-Cola.

Vació su vejiga y se refrescó el rostro y la nuca. Luego llenó el tanque de la Mercedes, que apenas admitió veinte litros; tomó una lata de Coca-Cola y pagó al dependiente, quien casi estaba dormido detrás del mostrador. Quince minutos después de haber parado reanudaba la marcha. Puso la música a tope, tomó un largo sorbo del refresco y sintiéndose más despejado, pisó a fondo el acelerador. De nuevo abrió la ventanilla y una corriente de aire frío lo asaltó y vivificó. Respiró con fuerza, casi con pasión, sintiendo la descarga de energía que recorría su cuerpo. Con su típica mueca que intentaba ser una sonrisa pisó el pedal del acelerador hasta que ya no pudo hundirlo más.

No había avanzado ni treinta kilómetros cuando, en una curva, apareció el Stelvio todoterreno de la Guardia Civil con las luces azules parpadeantes. Estaba parado en la cuneta y junto a él un agente le hacía señas con el bastón luminoso de color naranja, indicándole que se detuviera.

Israel hundió con tanta fuerza el freno que la lata de Coca-Cola salió despedida, vertiendo todo el contenido por la cabina. "¡Desgraciados!", gritó. "¡Me han tendido una trampa!".

El agente se aproximó, caminando con calma y se detuvo junto a su ventanilla.

—Apague la radio, por favor.

Sintiendo que de nuevo el sudor empapaba su frente, desconectó la música y todo quedó en absoluto silencio. Israel podía escuchar los latidos de su propio corazón.

—¿Me permite la documentación? —el agente hablaba calmado, pero con evidente autoridad.

Abrió la guantera y tomó todos los papeles que allí había.

—Aquí tiene —por más que intentó aparentar tranquilidad, el temblor de su mano al entregar los documentos delató su nerviosismo.

—Gracias —dijo el agente—. ¿Adónde se dirige?

—Voy a Alicante.

—¿Qué lleva atrás? —interrogó sin apartar la vista de los papeles que alumbraba con una pequeña linterna.

—Solo llevo... —¡maldita sea!, cómo era posible que no hubiese planeado una respuesta a esa pregunta—. Solo llevo... —balbuceó, mientras su mente trabajaba a un ritmo vertiginoso—, un reparto de flores de una floristería.

—Descienda, por favor; y mientras compruebo la documentación vaya abriendo la zona de carga del furgón.

Bajó del vehículo sintiéndose mareado y, apoyándose en el lateral de la furgoneta, se dirigió a la parte trasera. El espectáculo que encontró en el espacio de carga era desolador. Toda la mercancía se había desplazado en la frenada y las plantas estaban amontonadas: ramas rotas se entremezclaban y la arena estaba esparcida por el suelo. Pero el olor era inconfundible. Y en el primer vistazo el agente vio con claridad el tipo de flores que Israel estaba transportando. De inmediato hizo señas a su compañero que aguardaba junto al Alfa Romeo, indicándole que se acercase.

—Supongo que sabe —le dijo a Israel— que el transporte que lleva es ilegal —y luego comentó dirigiéndose al otro agente—. Vamos a necesitar ayuda de la UDYCO (Unidad de Droga y Crimen Organizado), este tipo lleva aquí un paraíso de marihuana.

—Confío en que no lo estén esperando para cenar —dijo el agente mirando a Israel—, porque se les va a quedar fría la cena. Desde este momento queda usted detenido. Acompáñenos al vehículo oficial. En seguida llegarán efectivos que se harán cargo de esta camioneta.

NO LE TEMES A UN NUEVO AMOR, SINO A UN VIEJO DOLOR

Fue al tenerlo de frente esa tarde cuando Ruth, por fin, le confesó:

—Sé que te amo, y por eso no me fío.

—¿De mí? —inquirió Pablo.

—No me fío del amor —aclaró ella—. Por amor he tomado las peores decisiones de mi vida, y por amor he sufrido las heridas más graves.

—¿Sabes lo que pienso?

—No lo sé, pero me lo vas a decir, ¿a que sí? —le guiñó un ojo.

—Pienso que no le temes a un nuevo amor, le temes a un viejo dolor —la miraba con ternura—. Se necesita naufragar alguna vez para entender que no cualquier luz es un faro, pero no permitas que un naufragio te haga aborrecer el mar. Solo viviendo somos capaces de conocer la vida. Solo amando somos capaces de conocer el amor. No siendo amados, sino amando.

—Es bella esa cita. ¿De quién es? —quiso saber Ruth.

—Es de Pablo Ruíz.

—¿Pablo Ruíz? —amusgó los ojos—. ¡Pero si ese eres tú!

—Pues eso.

—¿Es tuya esa frase tan hermosa?

No dijo nada, solo sonrió. Tampoco añadió más, ni quiso convencerla de nada. No intentó precipitar las cosas. Y a ella ese silencio no le pareció indiferente, sino respetuoso. Pablo no intentaba venderse, solo la miró con un sonrisa que destilaba dulzura y comprensión, y el mensaje que llegó en el vehículo de aquellos ojos le infundió serenidad.

—Mi corazón me dice que te abrace y jamás te deje ir —habló ella ahora. Lo hizo casi con tono de disculpas—. Pero mi razonamiento lógico enciende luces rojas que parpadean a la vez que gritan: *¡Cuidado, cuidado, cuidado!*

—También dice Milan Kundera...

—¿El de los hermafroditas? —rio, interrumpiéndolo.

—El mismo —asintió Pablo, correspondiendo a la risa de Ruth—, dice que "Allí donde habla el corazón...

—... es de mala educación que la razón lo contradiga" —completó Ruth la frase—. Eso también es de *La insoportable levedad del ser*. No llegué a terminar el libro, pero esa parte la recuerdo.

Pablo sí leía y no presumía de hacerlo, ni robaba las frases a nadie.

—Pues eso —volvió a decir él.

—¿Pues qué? —rio ella.

—Deja que tu corazón hable tan alto que consiga apagar las advertencias de la razón —envolvió el rostro de ella con sus manos y les habló a los ojos—. Prometo que haría pedazos mi corazón antes que arañar el tuyo.

—¡No me digas que esa cita también es tuya!

—No es una cita, es mi palabra... es mi promesa... es para ti.

—Pues me gusta esa palabra y me encanta esa promesa.

—Lo que no se da, se pierde —no había soltado el rostro de ella, y los labios que habían liberado aquella promesa reposaron sobre los de Ruth. Fue un beso prolongado tras el cual apartó los labios, pero solo unos milímetros—. No quiero que mi amor se pierda, quiero dártelo a ti.

Volvió a sellar con los suyos los labios de ella. Era el primer beso. El primer beso de amor en la nueva etapa de su vida. Fue tierno, suave, muy largo, y luego se abrazaron. Nada más; nada menos. Él no procuró avanzar más; no quiso robarle nada. ¿Que lo deseaba? Seguramente sí, igual que ella. Pero simplemente la abrazó, y entre sus brazos Ruth se sintió protegida, en calma, dulcemente segura.

Recostada en su hombro veía el cielo azul y las ramas de una encina. El aire estaba dorado y muy tibio. De alguna parte, lejos, llegaban voces rebotando débilmente. Vio los saltos de dos chicharras entre las ramas del árbol. Todavía su élitros —o lo que sea con lo que hacen su estruendo— sonaban como un tableteo poco intenso, como si el calor de abril no los hubiese endurecido lo suficiente. *¿Será esto la paz?*, se preguntó, mientras convertía el pecho de Pablo en almohada y allí pensó: *Dentro de un abrazo puedes hacer de todo: sonreír y llorar, renacer y morir o quedarte quieta y temblar adentro, como si fuera el último.*

Después tomaron un refresco, casi sin hablar; pero rieron mucho. Ella probó del vaso de él; él del vaso de ella. Ruth sintió que cabía un mar entero en ese sencillo vaso que compartían. Un mar de sensaciones agradables y limpias.

ENJAULADO

Israel pasó el resto de la noche en un calabozo de la comandancia de la Guardia Civil, y al día siguiente fue conducido a un juzgado, donde después de ser interrogado le entregaron un papel en el que aparecía escrito: "Auto", y a continuación infinidad de diligencias con términos poco entendibles para él. Sus ojos recorrieron a toda velocidad el folio y se posaron sobre la fatídica frase que cerraba el documento: "Se acuerda el ingreso en prisión del detenido". Solo tenía ganas de llorar, pero se había prometido no hacerlo, por más que la soledad y el desconsuelo estuvieran estrangulando su garganta.

Del juzgado fue conducido de nuevo al calabozo y allí, sobrecogido y presa de un miedo que mordía sus tripas, pasó varios horas. Comenzaba a caer la tarde cuando se abrió la puerta, y dos agentes lo condujeron hasta un autobús que lo trasladó al centro penitenciario adjudicado: Alcalá Meco, en la Comunidad de Madrid.

Jamás había viajado en un vehículo tan incómodo, y nunca un viaje de cuarenta minutos se le hizo tan largo y atemorizante.

Estaba agotado y desmoralizado, pero aún le quedaba lo peor: lo único bueno que le ocurrió en el Departamento de Ingresos fue que le quitaron los grilletes que ya habían dejado marca en sus muñecas; a partir de ahí comenzó un suplicio llamado "cacheo integral".

—Deposite en esta bandeja todos los objetos que lleve —el oficial, que por su envergadura parecía el forzudo del circo, aproximó una pequeña cubeta y la puso en una mesa, frente a Israel.

—¿Qué objetos? —su pregunta sonó trémula. Hasta se le quebró la voz.

—¿No me ha escuchado? —esa voz no tembló en lo más mínimo, al contrario, provocaba estremecimiento en quien la escuchaba—. He dicho, ¡TODO lo que lleve encima!

Lentamente, Israel fue vaciando sus bolsillos: teléfono móvil, algunas monedas, un cortaúñas... Finalmente sacó la billetera que llevaba en el bolsillo trasero del pantalón. La abrió y mantuvo por tres segundos la mirada sobre la fotografía donde aparecía él sosteniendo en sus brazos a Isaac. La única foto que había impreso, de las miles que se hizo con su hijo; en ella el pequeño sonreía de forma radiante, y aquella sonrisa provocó una irreprimible lluvia de lágrimas en los ojos de Israel. Cerrando la cartera la depositó en la bandeja.

—Pase a esa cabina y desnúdese —ordenó el forzudo uniformado.

—¿Del todo?

—¡Desnúdese por completo!

Estaba aún quitándose la ropa interior cuando entró un agente que a Israel le pareció un gorila gigante y estremecedor. ¿Pero es que a todos esos oficiales los habían sacado del equipo nacional de culturismo?

—Reclínese en esa mesa —le indicó.

Se puso unos guantes de látex e inició un chequeo integral orientado a desvelar si el detenido ocultaba algo en el recto. Una experiencia que Israel jamás olvidaría. Lloró, mucho más por la humillación que sentía que por el dolor físico que ese procedimiento pudiera provocarle.

—Pase a la ducha —fueron las únicas palabras que aquel gigante pronunció cuando hubo acabado su trabajo.

—Aquí va ropa interior limpia —le dijo un empleado al entregarle una bolsa.

—¿Y la mía? —preguntó Israel.

—Va a la lavandería, cuando esté limpia y seca se la devolverán

De allí lo condujeron a una celda en la que estaba solo.

—¿Es aquí donde estaré? —se atrevió a preguntar; sentía cierto alivio por no tener compañeros.

—Solo mientras se completa la tramitación de su expediente —respondió el funcionario—. Tal vez hoy duermas aquí; aprovecha, porque será la única noche que pases sin compañía.

Pero no se le hizo fácil dormir con aquella puerta de rejas y la letrina al alcance de la vista de cualquiera. Era la típica celda que aparece en las películas.

Allí le hicieron una ficha completa: datos de filiación, fotografías, huellas. En las siguientes horas pasaron por su celda un sinfín de personas: el educador, el psicólogo, un médico, el trabajador social. Le explicaron que ese procedimiento recibía el nombre de clasificación provisional, y con base en los resultados que arrojase el estudio se decidía el módulo en el que debía ingresar.

Al final, durmió dos noches en aquel calabozo. Y a la mañana del tercer día fue conducido a su destino definitivo.

—¿Cuánto tiempo estaré aquí? —preguntó al empleado que lo condujo a la celda que sería su nuevo hogar.

—Eso tendrás que preguntárselo a tu abogado —le respondió—. Pero no te preocupes. Es mucho más traumático imaginarlo que soportarlo. No se está tan mal aquí, te damos tres comidas al día y hasta tienes ratos de patio.

—¿Pero no puede decirme un tiempo aproximado? —suplicó al cruzar la puerta, no ya de rejas, pero sí de hierro, con un ojo de buey en la parte de arriba.

—Aquí tenéis al nuevo —dijo el funcionario justo antes de echar la llave a la puerta metálica—; sed buenos con él, y no os excedáis con las novatadas.

En un rápido vistazo, Israel se ubicó. La celda tenía dos literas, es decir, cuatro camas. Entre ambas literas quedaba un pasillo no demasiado ancho. Y en la pared del fondo había una pequeña ventana por la que entraba un haz de luz. Tras los cristales se veía el enrejado de hierro con el que se protegía esa posible vía de escape.

—Bienvenido a "la trena": ¡el campamento de verano que organiza el estado! —rio al decir uno de los tres que compartirían su encierro, de piel negra y acento brasileño—. Has llegado en mal día, lo siento, hoy no toca excursión.

—Tranquilo colega —le dijo otro—, aquí no se pasa tan mal. Y de lo que le preguntabas a Minguez...

—¿Cómo? —estaba aturdido Israel.

—De la pregunta que le hiciste a Minguez, el tío que te trajo al chabolo,[4] el tiempo de prisión preventiva es de máximo un año, prorrogable otros seis meses, si no sale el juicio antes.

—Ya habló "El sapiencias" —se burló el primero, que estaba sentado sobre el colchón de una de las camas bajas. Mirando a Israel, preguntó—: ¿Tienes antecedentes?

—No te entiendo —Israel reparó en los brazos del recluso que le había preguntado. Solo llevaba una camiseta de tirantes que dejaba al descubierto los brazos tatuados desde la muñeca y hasta el hombro, con lo que parecía ser una serpiente, o tal vez un dragón.

---

4. "Chabolo" es la forma coloquial con la que los reclusos se refieren a la celda.

—Tío, ¿estás fumado o qué te pasa? —le dijo, dándose toques con el dedo índice en la sien—. Que si te han pillado antes o este es tu primer marrón.

—Es la primera vez que me detienen.

—¿La primera vez que vienes a la trena? ¡Buah! —hizo un gesto despectivo—. ¡Un novatazo! Entonces seguro que no estás aquí demasiado tiempo.

—¿Me darán permisos?

—Jajaja, qué tío —se dejó caer sobre la cama carcajeándose—, ¡acaba de entrar y ya quiere vacaciones!

—En preventivos no tienes derecho a permisos —dijo ese al que llamaban "El sapiencias", y que tenía aspecto muy formal, incluso de intelectual, seguramente por las gafas redondas de montura negra—. Solo si se muere tu padre te dejarán ir al entierro.

—Pero irás entre dos gorilas que te llevarán esposado a sus muñecas —puntualizó el que parecía brasileño—. Así que olvídate de quedar con tu piba, si es eso lo que buscabas.

¿Mi piba?, pensó con amargura Israel. *¿Qué piba? Lo tuve todo y lo he tirado por la borda.*

ESTOY DE VIAJE

Ruth estaba terminando de preparar las cosas que necesitaría Isaac para irse esa tarde con su papá.

—Quiero la de *Spiderman* —dijo el niño al agarrar la sudadera roja.

—Pero hace mucho calor —le advirtió su madre—. Creo que es mejor que te lleves la camiseta del *Capitán América*.

El aviso de entrada de un WhatsApp hizo que Ruth dejara las dos prendas sobre la cama. Momento que aprovechó el niño para meter en la bolsa la sudadera de *Spiderman* y ocultar en el armario la camiseta que su madre prefería.

Observó, extrañada, que el mensaje venía remitido desde un número desconocido, pero el texto era, evidentemente, de Israel. No la sorprendió demasiado, pues él cambiaba de número constantemente para evitar a los cobradores de deudas.

"No podré ir a buscar a Isaac esta tarde", decía el escueto mensaje que había enviado Israel, "tampoco el fin de semana, me ha surgido un viaje imprevisto".

La imposibilidad de ver a su hijo a causa de "el viaje", se prolongó también la semana siguiente, y la otra... y la otra. Israel había terminado su viaje en una de las seiscientas celdas de Madrid II, en Alcalá Meco. Allí cumpliría prisión provisional en espera de juicio. El fiscal solicitaría tres años y un día de prisión para Israel, además de una multa que se aproximaba a los cien mil euros.

Ruth no se alegró de la noticia; tampoco supuso una alegría para nadie en la familia. Habían aprendido que el rencor es un veneno que uno ingiere esperando que le haga daño al ofensor, y que guardar resentimiento es como sacar mil fotocopias del dolor vivido. Por eso lucharon con todas sus fuerzas para, desde el principio, ser capaces de perdonar. No lo lograron de inmediato; pero a fuerza de empeño fueron experimentando que la verdadera libertad llega de la mano de la decisión de perdonar.

ALAS CORTADAS

—¿Cuál será mi cama? —preguntó Israel.

—Te hemos dejado esta de abajo —señaló el tatuado al colchón que estaba usando como asiento—. Así puedes pegarte bien a la pared y llorar. Es lo que todos hacen las tres primeras noches.

Fue al acercarse a la que sería su cama cuando reparó en que en el otro catre inferior había una persona. El hombre estaba tumbado, dando la espalda y con la cara oculta entre ambos brazos. Israel miró a los compañeros con un interrogante en los ojos.

—Es "El peplas" —ya lo habían bautizado—, desde que llegó hace tres meses no levanta cabeza. Por lo visto su hermana murió en un accidente de trafico y él viajaba con ella.

—Lo detuvieron —explicó el brasileño— porque creen que él administró a su hermana la droga que provocó el piñazo, además llevaba encima más alcohol que una farmacia. Aunque él no iba conduciendo, lo han acusado y está aquí, en espera de juicio.

Israel se quedó pálido y comenzó a sudar copiosamente.

—¿Cómo fue? —preguntó.

—¿Qué dices? —escupió "El sapiencias".

—El accidente —precisó—. ¿Cómo fue el accidente?

—Por lo visto la piba estrelló el carro contra un árbol —dijo el brasileño—, lo dejó hecho un acordeón, el *airbag* no saltó y los sesos de la chica quedaron regados por el cristal de enfrente. "El peplas" tuvo suerte; llevaba puesto el cinturón de seguridad y solo se le rompieron cuatro costillas.

—Lo único que su hermano ha dicho desde que entró aquí —dijo "El sapiencias"—, es que no va a parar hasta encontrar al desgraciado que le vendió la droga, y entonces lo matará, lo descuartizará y enterrará los cachitos a la sombra del árbol contra el que chocó su hermana.

Israel notó que las fuerzas lo abandonaban, y para evitar desplomarse se sentó en la que sería su cama.

—Tienes mala cara, tronco. Por cierto, ¿cómo te llamas? —quiso saber el tatuado.

—Israel.

—¿Israel? —replicó "El sapiencias"—. ¿Como el país?

La frase lo golpeó con el mazo del recuerdo. Sintió que se le estrechaba la garganta; pero juró que no lloraría. Delante de ellos no. Otra cosa fue cuando se apagaron las luces y la soledad calló sobre él como una manta de plomo. Entonces sí, lloró en silencio y a mares. Como vaticinó el preso de la serpiente en el brazo: derramó lágrimas las tres primeras noches y también las tres siguientes.

Pronto fue conociendo los detalles de aquella ciudad presidio: el sesenta y cinco por ciento de los internos eran extranjeros y el treinta y cinco restante, españoles. El delito más común era el mismo que él había cometido: posesión y tráfico de drogas, seguido por el robo con violencia.

No le quedó más alternativa que adaptarse a la férrea rutina del lugar. Todos los días se levantaban a la misma hora e iban a sus áreas de trabajo. Le costó trabajo elegir una, pues nunca había trabajado seriamente en nada, pero finalmente se decidió por aquella en la que tuvo un poco de aproximación: la cocina. Allí ayudó en la preparación de algunos platos y sobre todo en fregarlos después de las comidas. También se puso a estudiar algunas cosas, con la única intención de combatir el lentísimo paso de las horas. *Si Ruth me viera leyendo...*, pensaba con un nudo en la garganta.

Donde en realidad se sentía mejor era en el gimnasio, pues en el último tiempo se había acrecentado su obsesión en desarrollar los músculos, seguramente por ser consciente de que el terreno en el que estaba introduciéndose era peligroso.

Tuvo que administrar con sumo cuidado las diez llamadas telefónicas que tenía a la semana, así como cuarenta minutos de visitas entre sábados y domingos para no perder el contacto con el exterior.

PALACIOS DONDE ANTES HABÍA RUINAS

Los meses fueron pasando y Ruth y Pablo seguían viéndose y hablando. Ya no tenían la más mínima duda de que se necesitaban el uno al otro. El diálogo entre ellos dos adquiría, tan solo a veces, la forma de las palabras, porque con frecuencia no estaba formado por verbos y adjetivos, sino por miradas y abrazos.

—Me gusta tanto que me abraces sin intentar llegar a nada más.

—Quiero conocerte a ti —respondía él—, y tú no eres el envase, sino la esencia. La magia está en que alguien te haga sentir cosas sin ponerte un dedo encima.

Pablo estaba más interesado en conocer el alma de Ruth que su cuerpo, y ella por fin sintió que había encontrado a alguien que no buscaba poseerla, sino que de verdad la amaba. Alguien que no la quería para ser de él, sino para ser con ella. Entre sus brazos recordaba aquella máxima de que a veces no necesitamos a alguien que nos arregle, sino a alguien que nos quiera mientras nos arreglamos nosotros mismos.

Incluso el pequeño Isaac reclamaba su presencia.

—Quiero que veamos a Pablo para jugar al fútbol y montar en bici.

Eso era un tremendo aliciente para Ruth. Por un lado, era consciente de que los niños tienen una capacidad prodigiosa para identificar las verdaderas fuentes de cariño, y por otro lado sabía de lo difícil que sería sostener una relación en la que Isaac no se sintiera cómodo.

Aquella tarde Ruth y Pablo estaban sentados sobre una pequeña colina en un parque céntrico, en Madrid. Atardecía y la puesta de sol parecía un cuadro pintado por el más excelso artista. Tras varios minutos de contemplación casi extasiada, Pablo tomó la mano de Ruth.

—¿Me permites que me ponga cursi? —le preguntó con una sonrisa que rezumaba timidez—. No me pongo así con cualquiera; mi lado tierno y cursi solo lo conoce quien se lo merece.

—¡No eres cursi! —casi lo regañó.

—Poético, pues —dijo él—. ¿Me permites que me ponga poético?

—¡Por supuesto que sí! —rio, y le dio un beso en la mejilla.

—Pues escucha —tomó su mano y comenzó a recitar—:

"Cada rayo de luz que traspasa el cristal,

hace visible

la invisible transparencia del día.

En la soledad el viento suave azota los árboles

y se desnuda de pájaros el horizonte.

La ciudad, tras el cristal del atardecer

es una pirámide de luz

sobre las avenidas.

La ciudad incendiada se hace abanico invisible

para mi deseo.

Intacta, bajo su tacto suave,

la ciudad, alzada sobre el asfalto,

se hace Eternidad de piedra, irreal hasta el sueño".

—Me encanta —dijo ella—. ¿De quién es ese poema? Lo has declamado de una manera preciosa.

—Es algo que escribí hace tiempo, mientras veía el atardecer.

—Es precioso —lo abrazó y luego se dejó caer sobre sus piernas, apoyando la cabeza en las rodillas—. Me gusta tanto que podamos apreciar juntos esta belleza.

—Me gustaría que oremos juntos, ¿te parece?

—Por supuesto que sí —dijo ella, y cerró sus ojos.

—Yo también suelo cerrar mis ojos para orar —dijo él—, pero hoy me gustaría hacerlo viendo a Dios en ese sol que se esconde.

Se oyó el paso de un tren distante. Ruth se recostó más cerca de Pablo, que estaba sentado en el suelo, con ambos brazos apoyados en las rodillas.

—Pues miremos el sol juntos —dejó caer la cabeza sobre el hombro del chico y posó la mirada en el bellísimo horizonte—, mientras oramos también juntos.

Pablo tomó con sus manos las de Ruth, y alzó la voz en una oración que, antes de escalar al cielo, abrazó el corazón de ella. En esa plegaria se conjugaban la gratitud y la súplica. Agradeció por Ruth y pidió también por ella. La bendijo y adoró a Dios. Ruth pudo sentir que Dios respondía, lo hizo con un baño de serenidad que la empapó hasta los huesos e inoculó en su alma paz en estado puro. Sintió, ahora sí, que Dios estaba implicado en esa relación. No eran hermafroditas amputados tiempo atrás, por supuesto que no; eran personas completas, individuales, perfectamente imperfectas, pero que se amaban de una forma limpia, intensa, hermosa.

—Gracias por haber venido a abrigarme el corazón —le dijo a Pablo, mientras, de nuevo, convertía su pecho en almohada.

Un grupo de gorriones piaba; cantaban, casi. Más allá, otro pájaro, único, gorjeaba de cuando en cuando. Ruth tuvo la sensación de que ya era noche profunda, por la inmovilidad de todo y su paz. Por la vertiginosa quietud que los envolvía. Pero no era noche, no. En realidad, en su alma amanecía.

EL DEPREDADOR RESURGE

Ruth leía por segunda vez el mensaje y seguía sin dar crédito a lo que allí ponía.

"Buenas noches, no sé como decirte esto después de todo. Mil veces he pensado en hacerlo y no me he atrevido, pero bueno, creo que llegó la hora. Quiero que sepas que a pesar de lo que creas por lo que te hice en su día, te he amado con todas mis fuerzas, que he pensado en ti a pesar de juicios y de todas las historias que hemos tenido. Yo sé y tengo claro que no voy a encontrar a nadie como tú, y que fue a tu lado donde he sido verdaderamente feliz. Han pasado años, pero no he logrado sacarte de mi cabeza. Quiero pedirte perdón, porque nunca llegué a hacerlo. Me arrepiento; y sé que tengo bien merecido lo que me ha estado ocurriendo en estos años. De verdad, siento todas las cosas hechas, te lo digo de corazón. Aquí estoy para lo que necesites. A pesar de todo lo que hemos vivido y nos hemos distanciado, ahora comprendo que eres una mujer fuerte, siempre me has encantado y sé que nunca encontraré a alguien con quien formar un equipo como el que hacíamos tú y yo. Llevaba años queriendo decírtelo y, de verdad, siempre te querré".

Reflexionó largamente en la situación y sintió una profunda tristeza por la persona con la que ahora vivía Israel. No era la misma con la que Ruth fue traicionada, aquella ya había pasado a la historia, ya había sido engañada también. Ahora estaba con otra mujer con la que ya llevaba tres años, y que se había quedado embarazada. La lógica hacía pensar que el ciclo se repetía, ahora con otra víctima. Embarazada, desajustada hormonalmente, engordando por el milagro de albergar vida en su vientre.

Ruth imaginó que ahora esa muchacha era el blanco de los reproches y de la indiferencia y desprecio del depredador; calculó que este quería volver a probar con su anterior víctima. Un ciclo infernal, destructor, indigno.

¿Qué podría representar ese mensaje?

Ruth volvió a leerlo.

¿Era un intento de desestabilizar la relación de ella que se consolidaba? ¿Necesidad de desahogo? ¿Nostalgia?

Sea lo que fuere no sirvió de nada. El depredador estaba desenmascarado y ya no había cabida para él en esta nueva etapa de la vida.

No caería en el error de llevarlo a solas. De inmediato le mostró el mensaje a Pablo, quien sintió que el furor le hacía hervir las entrañas, pero manifestó su habitual madurez y serenidad. Luego lo comentó con su hermana y con sus padres. Todo a la luz, bajo los focos. Ya había tropezado bastante como para olvidar que lo mejor es hacer el camino en compañía de quienes te aman de verdad.

LUZ EN LA SONRISA

Todos tenemos una fecha, al menos una, donde la vida se nos rompió, pero también todos tenemos ese día en que la vida, por fin, se ordena. Es el día en que descubrimos que el amor convierte los despojos en obras de arte.

Qué verdad es que hay noches en las que todo son preguntas, ¡pero amanece el día en que llegan las respuestas! Soy un firme defensor de la idea de que Dios toma escombros y los transforma en palacios. A veces la vida te coloca en situaciones en las que no puedes hacer absolutamente nada, excepto creer con todo. En este caso se sumó la fe de muchos que llamaron a las puertas del cielo para hablarle a Dios acerca de Ruth; y Dios oyó, porque Él siempre escucha.

Pude verlo aquella radiante mañana de un domingo otoñal. Yo conducía el vehículo y ella, a mi lado, hablaba con fluidez. Ya eso era sorprendente, pues suele ser reservada y en ocasiones hermética, pero ese día estaba comunicativa y locuaz.

—¡Mira! —exclamó de pronto, señalando al exterior del coche—. ¡Qué colores tan bonitos! Verde, marrón, naranja —señalaba a un bosquecillo, junto a la carretera, y enumeraba exhaustivamente el color de las hojas de los árboles—. ¡Rojo, amarillo! ¡Me encanta el otoño!

Su voz desbordaba alegría impregnada en romanticismo. Giré los ojos para mirarla, apartándolos de la carretera solo un instante. Fue apenas un microsegundo, pero suficiente para que la luz de su sonrisa encendiese la mía. Ya habíamos compartido casi cinco otoños y las mismas primaveras desde aquello, pero fue en ese momento cuando detecté que sus ojos volvían a brillar y sus palabras chorreaban nueva ilusión.

Su belleza no necesita explicación porque es superior a cualquier argumento. Fijé mis ojos en la carretera mientras sentía que la emoción estrechaba un poco mi garganta. Recordé una frase, no sé si la leí, o alguien me la dijo o tal vez sea mía: "Muchos hijos e hijas de la crisis serán padres y madres de un gran futuro, porque la peor crisis puede erigirse en el mejor maestro y la gran adversidad en ciencia de aprendizaje".

Un abismo puede ser el atajo a una cumbre de belleza insondable. La luz es la otra cara de la sombra, hay que atravesar la sombra para llegar a la luz. Así como el silencio y la palabra son dos caras de la misma moneda.

—¿Por qué me has mirado así? —me preguntó Ruth.

—Me alegra tanto verte sonreír.

—La verdad es que Dios me ha reconstruido —y la luz de su rostro daba fuerza a sus palabras.

—No —corregí—, Dios te ha restaurado.

—¿No es lo mismo?

—Claro que no —y aclaré—, se reconstruyen las ruinas, pero se restauran las obras de arte. Eso has sido siempre y eso sigues siendo, hija: una obra de arte.

EPÍLOGO

Sí, la emoción me mantuvo en vela toda la noche y la ducha de esta mañana, más que una cuestión de higiene, era asunto de supervivencia. Por eso abrí el grifo y dejé correr el agua sobre mi cabeza durante al menos diez minutos, los últimos con agua fría, y no hice nada por terminar con la gélida tortura hasta que sentí que la sangre fluía a todas mis extremidades, brindándome una sensación próxima a la de estar vivo.

Mientras me seco con la toalla extragrande, la que a mí me gusta, la de paño más absorbente, me observo en el espejo y casi me asusto al ver mis ojos hinchados por la falta de sueño. No es buen día para aparecer ojeroso y demacrado.

Hoy no.

Envuelto en la toalla me aproximo al reflejo de mi imagen y con los dedos aplico un masaje en el contorno de mis ojos, mirando alguna alternativa, pensando en alguna solución para aquellas espantosas ojeras. Entonces se abre la puerta y, detrás de mí, reflejado en el propio espejo, ¡lo veo a él!

—Abu, ¿pero ¿qué haces todavía sin vestir? —me dice Isaac, mientras levanta las dos manitas con las palmas hacia arriba—. ¡Vas a llegar tarde!

Su advertencia y el alborozo que escucho abajo me hacen mirar el reloj. Efectivamente, es tarde.

Corro al dormitorio para vestirme; pero no puedo evitar detenerme un instante y mirar a través de la ventana. El jardín luce todos los colores de la primavera que cuelga de sus ramas y hace destellar los parterres de flores, cuidadas con esmero. El purísimo azul del cielo hace presagiar un día radiante y soleado.

Una mezcla de sensaciones impregna el paladar de mi alma.

Ya vestido, bajo rápidamente y, de forma casi subrepticia, esquivando a todos, me dirijo a la cocina para prepararme un café. Por muy tarde que sea no puedo pasar sin él.

Tomo un largo sorbo de la humeante taza y es entonces cuando la veo. No sé durante cuánto tiempo mantengo la taza en el aire, puede ser un minuto o tal vez diez, estoy absorto en la escena.

No...

Creí estarlo, pero no estaba preparado para verla así: bella, radiante, feliz.

Sin previo aviso las lágrimas se convocan en el balcón de mis ojos y allí se agolpan diluyendo la imagen, que va difuminándose hasta desaparecer tras la cortina de humedad.

—¡Abu, que es tarde! —Isaac me ha encontrado en la cocina y da leves golpes en mis piernas—. ¡Eres un tardón! ¡No vamos a llegar!

¡Ufff!, el recuerdo es como un lastre que me ralentiza. Después de apurar el café, ya frío, me ajusto la chaqueta del elegante traje que estreno: gris en tonos perlados y tela de extraordinario tacto. El día lo merece.

—¡Tienes que llevar a mami del brazo! —me recuerda Isaac—, y yo iré delante de vosotros echando pétalos de flores. Bueno iré yo y también los primos.

—Claro que sí, cariño, iréis delante de mami, abriéndole camino y creando una mullida alfombra de flores sobre las que ella pisará. Porque así ha sido en estos años, fuiste la razón que Dios usó para que ella se mantuviera a flote y siguiera adelante. Dios es quien de las ruinas hizo una obra de arte, y quien usó un error para depositar sobre la tierra un ángel que lo enmendara, y tú eres ese ángel. Eres el salvavidas que Él utilizó para que el mar no la tragase, y el hilo de oro con el que suturó su corazón hecho pedazos. Eres la venda con la que cubrió la herida para que dejase de sangrar, y la luz que alumbró la senda en el corazón de la noche más oscura. Eres la escala que la alzó hasta la sonrisa de Dios. Eres tú, hijo. No fuiste un accidente. Hay un propósito para tu vida. Puede que haya padres por accidente, pero no hay hijos por accidente. Aunque tus padres no te planearan, Dios sí; Él quería que vivieras, y tu vida nos ha inyectado vida a cuantos te conocemos.

Me mira con una sonrisa y con gesto de no entender demasiado, y de nuevo me apura.

—¡Vamos, abu, que mami está esperando!

Acercarme a ella y romper de nuevo a llorar es todo en uno.

—¡Estás bellísima! —le digo.

—Tú también, ¡pero tienes los ojos hinchados! —me dice y añade riendo—. ¿Llevas toda la mañana llorando o es que no has descansado bien esta noche?

—Para serte honesto, no he descansado ni bien ni mal —confieso—, simplemente no he dormido.

—¿Estás preocupado? —quiere saber Ruth.

—No. Lo que estoy es emocionado, hija, y sobre todo feliz; estoy feliz de verte feliz.

Poco después, una procesión de amigos abre el cortejo nupcial. Allí van Noemí y Paula, vestidas idénticas, y también Judith, su hermana del alma. Isaac y sus dos primos, Noa y Samuel, nacido un año antes que Isaac, van delante, dejando caer pétalos de flores que Ruth y yo pisamos. Ya no es ella la que se siente pisada y ultrajada y acosada. No, ahora camina sobre una mullida alfombra; comienza el segundo tiempo en el juego de su vida. Está lista para inaugurar la mejor etapa de su existencia, porque todo lo que el dolor le ha robado, Dios ya ha comenzado a devolvérselo multiplicado. La decepción siempre obra como un martillo que golpea. A quien es de cristal, lo rompe, a quien es de hierro, lo forja. Dios utilizó el dolor para forjar en ella un instrumento de honra. Cuando Dios quiere hacer un pequeño milagro, permite que sus hijos vivan una situación difícil. Cuando quiere obrar un gran milagro, tolera situaciones imposibles. Lo que ella vivió fue una situación intolerable, pero ahora disfruta. Disfrutamos de un gran milagro de vida, y de paz.

EPÍLOGO II

Mi hija murió a los veinticinco años, pero nos negamos a oficiar su entierro porque creemos en la resurrección. Nunca imaginé que vería a mi hija tan destruida. Pero cuando la vi así, jamás dejé de orar por su plena restauración. Y la vimos. Vimos la perfecta restauración. Le quebraron el corazón; pero el divino Alfarero tomó los pedazos y levantó con ellos una obra de arte. No la reconstruyó, porque eso se hace con las ruinas. Las obras de arte se restauran; eso fue lo que Dios hizo en ella.

Mientras concluyo este relato, la Navidad impone su deliciosa monarquía en el ambiente. En el jardín los árboles lucen sus galas de luz. Cientos de bombillas recuerdan al mundo que la luz destronó a la oscuridad. A la Navidad se le ha puesto alrededor demasiada hojarasca, y lo que es peor, hojarasca de oro. Reduzcámosla al común denominador, o al mínimo común múltiplo, o a como quiera que se llame eso, a la esencia. ¿Qué nos queda entonces? Lo más hermoso: una mujer da a luz. Cuando empieza una vida, toda la vida empieza.

¿Qué más nos queda? Lo más glorioso: quien nació fue Dios humanado.

"No hay nada más precioso que tu fiel amor. Los seres humanos buscan protección bajo tus alas". (Salmo 36:7). Así lo declaró aquel

pastor, músico y luego rey, llamado David. Dios nos amó, nos ama y nos amará, y por eso nos hace libres. Creo que Jean Paul Sartre dio en la diana al afirmar: "Aquél que quiere ser amado, debe querer la libertad del otro, porque de ella emerge el amor, si lo someto, se vuelve objeto, y de un objeto no puedo recibir amor".

No somos objetos para Él, pero somos objeto de su amor.

Hoy ella, mi hija, sueña. Ha vuelto a amar y a saberse amada. Ha vuelto a creer. El pequeñín que corre por la casa y vuelca sin contemplaciones el baúl de los juguetes, le recuerda cada día que Dios no desperdicia una pena, sino que la convierte en riqueza. La risa de ese ángel infatigable la hace afirmarse en la idea de que Dios toma nuestros errores y los convierte en tesoros.

"¿Abu, juegas conmigo cinco minutos?". Siempre dice lo mismo, los cinco minutos se convertirán en dos horas, y transcurridas él dirá: "No, abu, todavía quedan dos minutos". Y yo volveré a rodar por el suelo y él será el superhéroe que me saca del apuro, y cuando, agotado por fin, caiga de espaldas, pondrá su cabeza sobre mi brazo y me dirá: "Te quiero, abu". Y sentiré que su voz es la de Dios, recordándome que nunca dejó de amarme y que las lágrimas derramadas solo lograron lavar mis ojos y regar la tierra de la que ahora surge una impresionante cosecha de sonrisas. Sí, cada lágrima vertida produce un millón de risas, y cada noche transitada se convierte en un radiante amanecer.

Dios jamás borra si no es para escribir algo nuevo.

Créeme, tú que me lees: llegará un momento en tu vida en que creas que todo ha terminado. Ese será el principio. Tras muchos tropiezos verás que es difícil caer, porque te crecieron alas en las cicatrices.

Mientras ese momento llega, mientras llega tu turno, sigue aplaudiendo las victorias de los demás. Y durante la espera confía y observa, en ocasiones hay tesoros ocultos bajo las piedras del camino. No te rindas, pues la respuesta a nuestras oraciones comienza en el cielo antes de que nosotros la sintamos en la tierra.

BREVE GUÍA DE ESTUDIO PREVENTIVO/CURATIVO

Querría que estas últimas líneas fueran un mensaje preventivo para quieres están a tiempo de no encerrarse en el foso de un romanticismo envenenado. Me refiero a quienes están en una relación de noviazgo que puede terminar en un vínculo destructivo.

Siempre he pensado que el mejor divorcio es el que ocurre antes de casarse, y que el noviazgo tiene la función de consolidar, pero también de disuadir. No es ninguna tragedia si un noviazgo debe interrumpirse; obviamente toda ruptura es dolorosa, pero cuanto más profundicemos en una relación que evidencia ser destructiva, más desgarrador será el dolor, y cuanto más alto escalemos en una cumbre inestable, más dura será la caída.

Por esa y otras razones te ruego mires con detenimiento el mapa que, con verbos, adjetivos y reflexiones, intentaré trazar. Quiera Dios que los enunciados que siguen puedan actuar como luces de advertencia en el panel de instrumentos del vehículo de muchas vidas.

RECONOCE AL DESTRUCTOR:

- *Seduce con palabras, pero destruye con acciones.* Cautiva mediante el juego de la seducción, pero luego daña severamente y casi siempre dice que lo hace porque nos ama. "Quien bien te quiere te hará llorar", así dice.

+ *Te hará sentir que eres culpable de que te trate así.* Usan la culpa como herramienta e instrumento coercitivo. Las personas controladoras son hábiles manipulando. Si logran que la otra persona sienta culpa constante, entonces ya tienen el control, pues sus parejas harán todo lo posible para no sentir el peso de la culpabilidad. Con frecuencia esto significa desistir de cualquier iniciativa o proyecto personal y hasta perder la propia opinión.

+ *Buscará alejarte de tus amistades, familia y de todo tu círculo social.* Insistirá en que ellos no saben amarte, que solo él o ella te ama. Expresará que no le gustan, por lo que paulatinamente te distanciará de ellos. Es preciso que recuerdes que tanto tus amigos como tu familia son imprescindibles para tener una vida sana y equilibrada. Es válido y hasta lógico que a ti no te gusten algunas de las personas con las que tu pareja se relaciona y que él o ella no se lleve bien con todos tus amigos, pero esto no implica que debáis terminar toda relación para darle gusto al otro. Si a ti no te gusta alguno de sus amigos, pero estos no son una mala influencia, limítate a salir menos con ellos, pero no exijas que se corte la relación. Lo mismo debería ocurrir a la inversa.

+ *Este aislamiento suele comenzar de una manera sutil.* Puede que se quejen de la frecuencia con la que hablamos con nuestros hermanos o digan que no les agrada nuestro mejor amigo o que ya no deberíamos ver a alguien. O tal vez intenten ponernos en contra de las personas en las que usualmente confiamos y buscamos apoyo. Su meta es quitarnos nuestra red de soporte para restarnos fuerza.

+ *Intentará decirte cómo debes vestir, cómo debes maquillarte y adónde debes ir.* "Te amo mucho más cuando haces esto". "Si sigues haciendo ejercicio y bajando de peso, serás más atractiva para mí". "Si no te puedes ni tomar esta molestia por mí, no sé qué saco de esta relación". "Podrías ser sexy si pasaras más tiempo ocupándote de tu cabello". "Si hubieras acabado la universidad, tendrías de qué hablar con mis amigos(as) y no te sentirías tan excluido(a)". Aunque algunos de estos ejemplos son más evidentes que otros, el mensaje es el mismo: "Tú, en este momento, no eres lo suficientemente bueno(a)".

+ *Procurará decidir por ti en los temas que conciernen a tu futuro.* Menospreciará o considerará catastrófica cualquier elección que tomes sin su consentimiento. Minimizará tus logros o intentará disuadirte de tus metas y objetivos.

+ *Empleará la intimidación, la culpa o las amenazas para lograr que hagas lo que desea.* Las relaciones estables y saludables tienen un sentido inherente de reciprocidad. Es natural que las dos personas se cuiden mutuamente y no estén llevando la cuenta de cada cosa pequeña o grande que hicieron para ayudar al otro. Si nuestra pareja siempre quiere llevar un registro de cada una de las interacciones de la relación (ya sea para guardar resentimiento, exigir un favor a cambio o recibir constante agradecimiento) puede resultar realmente agotador.

+ *Te dirá que no eres nada sin él o ella, haciéndote sentir que no puedes tomar decisiones.* La persona que no tenga una adecuada autoestima creerá que no puede ser amada por nadie, por lo que aceptará la relación, independientemente de cómo sea tratado, porque no cree merecer nada mejor. Con el transcurso de la relación, su autoestima se minará más y más, por lo que terminará creyendo que nunca encontrarán a nadie más que las ame; ante el temor de quedarse solos o de no valer nada sin el otro permanecerán en la destructiva relación.

+ *Te tratará con brusquedad.* Sujetarte con fuerza, zarandearte o empujarte.

✦ *Te llamará con insistencia, incluso en horas intempestivas, o irá a verte para cerciorarse de que estás en donde le has dicho.* Eso se llama "control machista". Es importante entender que estar comunicados es necesario, pero cuando las llamadas son continuas puede tratarse de control. Esto tiene el objetivo de saber dónde estás, con quién y qué estás haciendo en ese momento.

✦ *Ejercerá presión en el ámbito sexual a fin de lograr que hagas algo que no deseas hacer.*

✦ *Criticará de forma crónica, hasta por nimiedades.* La cronificación de la crítica, como ocurre con el aislamiento, comienza de manera casi imperceptible. De hecho, podríamos acabar convencidos de que la reprobación y los reproches que constantemente nos hace son justos e intentan ayudarnos a ser mejores personas. También podemos llegar a racionalizarlo, diciendo que no es tan grave que nunca le guste la manera como nos vestimos, hablamos, comemos, y que no deberíamos tomarlo de forma personal. No importa lo pequeñas que parezcan las reprobaciones, si son parte de una dinámica constante en la relación, se hará muy difícil sentirse aceptado, amado o valorado. Si cada pequeña cosa que hacemos podría mejorarse a los ojos de nuestra pareja, entonces, ¿cómo vamos a sentirnos valorados?

REFLEXIONA EN LO SIGUIENTE:

✦ No te dejes atrapar únicamente por las palabras y las promesas de la otra persona. El amor no solo se muestra a través de la consistencia de las palabras, sino, sobre todo, en la coherencia de las acciones y la actitud.

✦ No aceptes un "te amo" de alguien que nunca supo pedirte perdón, pues el amor genuino se esmera en derribar muros y construir puentes.

+ Los japoneses dicen que tenemos tres caras. La primera: la que mostramos al mundo. La segunda: la mostramos a los más cercanos. La última: no la mostramos a nadie, solo a nosotros mismos. Es el único y más real reflejo de quienes somos: la que nos da paz, o no nos deja dormir. Es vital que en la soledad, reflexión y oración pidamos a Dios la honestidad necesaria para mostrarnos a nuestra pareja como realmente somos, y la sabiduría precisa para discernir quién y cómo es en realidad nuestra pareja.

+ El amor no es sufrimiento. Este es el primer paso a tener en cuenta para no caer en la trampa de una relación destructiva, es decir, un tipo de relación que te quita más de lo que te aporta y te lleva a vivir en una tensión permanente. Comparto absolutamente el criterio de Gabriel García Márquez, cuando dijo: "Ni el amor es una jaula, ni la libertad es estar solo. El amor es la libertad de volar acompañado. Es dejar ser sin poseer".

+ Alguien que destruye tu salud mental no puede ser el amor de tu vida. Si aleja de ti la paz no podrá acercarte la serenidad imprescindible para vivir. No normalices la situación. Recuerda cuáles eran tus expectativas de un amor feliz y observa en qué punto te encuentras. Sin duda, vas a ser más feliz disfrutando de tu soledad, que en una relación que te está destruyendo.

+ No toleres presión sexual; no tienes por qué entregar aquello que quieres reservar. El amor no se manifiesta en el deseo de acostarse con alguien (este deseo puede producirse en relación con una cantidad innumerable de hombres o mujeres), sino en el deseo de vivir junto a alguien (este deseo se produce en relación con una única persona).

+ Reflexiona seriamente si percibes control machista, por ejemplo, abuso verbal de tu pareja. Pueden ser abusos de cualquier tipo: críticas sobre la ropa, el pelo, la actitud, indiferencia ante los logros, reiterado intento de disuadirte de alcanzar logros personales, académicos, ministeriales, profesionales. Lo que se consigue es anular a la otra persona y, por tanto, permitir que sea el otro el que tenga el control absoluto.

+ Analiza tu entorno social. ¿Tenéis una relación cada vez más solitaria y dependiente el uno del otro? Debido a la "asfixia" y al control obsesivo, lo más habitual es ir dejando de ver a los amigos para evitar discusiones. Esto hace que, poco a poco, os vayáis quedando solos y aislados del mundo, algo que hace que la dependencia sea aún más fuerte pues, si lo dejas, te quedas sin nada.

+ La base del amor es la confianza de uno en el otro y, también, el respeto. Por tanto, si estás con una persona que no te deja ni respirar, que está todo el rato pendiente de ti, controlando tus movimientos y cuestionándolos, en realidad estás sufriendo una grave falta de respeto que tienes que cortar por lo sano. Si alguien te quiere, te quiere libre. No lo olvides.

+ Tómate tiempo para meditar, y sobre todo tiempo de oración. En las decisiones que son determinantes para la vida (y esta lo es), orar es acertar. Pedir dirección de Dios es clave para no equivocarnos.

¡ACTÚA! PON DISTANCIA ANTE EL DEPREDADOR

+ Cuando es evidente que una relación está destruyéndote (no hablo de una situación puntual de desacuerdo, sino de una relación destructiva), no conviertas el cariño en una excusa para seguir allí. Aunque todavía tengas la sensación de sentir algo especial por esa persona, la ruptura es lo mejor que puede pasar.

+ Cuando estás con él o ella a solas, estás en mala compañía. Busca apoyo en familia y amigos. Ellos serán mucho más objetivos al calibrar la situación.

+ Si en el tiempo de oración y reflexión percibiste que se hace necesario cortar la relación, tómate de la mano de Dios para los siguientes pasos. Él está absolutamente interesado en tu bienestar, paz y felicidad.

+ Él o ella te dirá: "No encontrarás a nadie como yo". Repítete que de eso se trata, de no volver a estar con nadie como él o ella.

+ Te dirá que si lo dejas quedarás solo(a). Eso es falso. Pero aun cuando fuera cierto, es mejor estar solo que con alguien que te destruye. Lo único cierto es que si sigues con quien está dañándote, entonces sí quedarás solo(a) y destruido(a).

+ Perder a quien jamás te quiso no es perder.

+ Necesitas poner distancia para reflexionar y decidir racionalmente y no emocionalmente. El cerebro no es una máquina que procesa racionalmente, sino que decide con base en emociones aprendidas y necesita emocionarse para aprender. Por eso debes distanciarte de quien te llena de emociones negativas que condicionarán tus decisiones.

¿Y LUEGO QUÉ?

+ Rodéate de quienes de verdad te aman: tu familia, tus amigos, y sobre todo tu Dios. Experimentarás una sanidad progresiva que llegará a ser total y perfecta.

+ La plenitud espiritual te hará mucho más llevadera la crisis emocional. Cuando uno está lleno por dentro es muy poco lo que necesita por fuera. Dios está contigo en el proceso, y se ocupará de suturar la herida con hilo de oro y gasas de bendición. Es imposible que Jesús llegue tarde, porque Él nunca se ha ido. Él está junto a nosotros todos los días, ¡hasta el fin de los tiempos!

+ Hay personas a las que Dios envía a nosotros, y otras a las que Él quita para que nuestra vida sea bendecida y de bendición. Agradece a Dios que te libró de una persona que al final te haría mucho daño. Si Él borra es para escribir algo nuevo; si vacía unas manos es para volver a llenarlas.

+ No tengas prisa en sentirte plenamente bien. Aprende a darle tiempo al tiempo a esperar el momento, todo llega cuando tiene que llegar.

+ Si lo ves necesario, pide ayuda profesional. El apoyo psicológico puede ser terapéutico en un momento como este.

+ Intenta pensar en qué consejos darías tú a una persona que estuviese pasando por tu situación. De este modo, puedes reflexionar sobre tu vida con mayor distancia.

+ El proceso de sanidad emocional suele ser tipo "pico de sierra", con altos y bajos inevitables. Cuando te sientas pletórico(a), repítete que no siempre estarás así. Cuando sientas que te hundes, recuerda que es algo pasajero.

+ "Para ser felices se necesita eliminar dos cosas: el temor de un mal futuro y el recuerdo de un mal pasado". (Séneca)

ACERCA DEL AUTOR

José Luis Navajo es un prolífico novelista que plasma los más altos valores en descripciones minuciosas que nos transportan al mundo del protagonista. Domina las palabras y les imprime un efecto poderoso para misterio o diversión, según la historia. Su autoridad y su sabiduría son testigos de décadas de experiencia como solicitado conferencista internacional, junto a una carrera literaria de treinta libros publicados, muchos de ellos éxitos de ventas y favoritos del mundo hispano.

José Luis y su esposa, Gene, llevan casados cuarenta años, y tienen dos hijas: Querit y Miriam; y tres nietos: Emma, Ethan y Oliver.

CONÉCTESE CON JOSÉ LUIS NAVAJO:

https://www.instagram.com/joseluisnavajo/?hl=en

https://www.joseluisnavajo.com/

https://www.facebook.com/AutorJoseLuisNavajo

https://www.pinterest.at/pin/282249101618699148/

https://twitter.com/jlnavajo?lang=ens